Indian Resilience

インド式 壁の乗りこえ方

インド政府公認ヨガインストラクター
栃久保奈々
Tochikubo Nana

自由国民社

はじめに

場所や雇用形態などは様々ですが、働く女性は日に日に多くなっています。20〜30代だけでも女性の労働人口は約75%に上り、管理職を務める人も増加しているのが実情です。生活のために働いている方もいますが、自己実現や自己表現のために仕事をしている人も少なくありません。

ただ、女性が社会で活躍するようになると、その分悩みの種も増えてきます。人生のこと、仕事のこと、体調のこと、会社やプライベートでの人間関係の不安や不満が次から次へとふりかかります。

1つの問題がきっかけとなり、自己肯定感が低くなってしまう人や、今の辛い現状を変えたいと思いつつ、何をして良いかが分からない人が実際、ヨガのレッスンにはたくさんやってきます。

私はいつもこの問題を、ヨガを通じてどうにかできたらと考えてきました。

この本は、次のような項目に1つでも当てはまる方に、ぜひ読んでいただきたいです。

・周りが産休ばかりでイライラしている

・仕事も恋愛も中途半端にしたくない

・漠然と自分の将来や人生に不安がある

・どうしても一般職志向の人と、キラキラ女子とは仲良くなれない

・お酒、ご飯は我慢したくない（運動も時間がないので最低限にしたい）

・不倫をしていたことをからかわれる、自分でもその時の良い思い出を、ふとよく思い出してしまう。

・就職、結婚、出産を当たり前に済ませた大学時代の友人とふと比べてしまって、自分の生き方に自信が持てなくなる

・時々、何のために生まれてきたのかと考えてしまう
・上司や周りの人が使えないと感じている
・周囲の評価はやっぱり気になってしまう
・一生懸命やっているし、仲の良い友人には褒められるが、なぜか自信がない
・SNSは便利だし、仕事でも活用しているが、みんなの投稿を見て疲れてしまっている
・こんな自分に少し疲れている、しっかり毎日幸せだと感じたい

私は14年間、人材業界や人事という仕事に携わっています。

そして、後半の9年はヨガのインストラクターとしても、企業出張やイベントなどを通じて、日本人に必要な体と心の扱い方を伝えてきました。


約5年前、日本でのヨガの勉強や実践では物足りず、本場のインドで学ぶために渡印を決めました。

インドでの修行や生活の中で、インド人の生き方と考え方、その元になっているヨガが今の日本人を救ってくれると強く感じたことを覚えています。

インド政府公認校を卒業し、現在までに指導した人数は約3、000人。精神科医や研修会社とも協力し、よりたくさんの方に体はもちろん、より心が喜ぶ生き方につながるヨガを教えています。

最近では、メディアでコラムを書かせていただいたり、ラジオにも出演させていただいたりと、対面でのレッスン以外でも思いを届けられることを嬉しく感じています。

＊　＊　＊

さて、ここで実際にインドヨガを通じて、クヨクヨマインドを手放すことができた3名の例をご紹介します。

東京都で教師をしている39歳の女性とは、ヨガイベントで出会いました。

人手不足で忙しい勤務先に不満はあるものの、社内での評価は高く、プライベートも多趣味で充実しているように見えました。顔が小さく、長い手足が印象的だった初対面は、いつでも思い出すことができます。彼女の悩みは、いつも人と比べては、自信をなくしてしまうことでした。

彼女がインド式しあわせヨガを実践し、1人で生きることを決めてから2か月後、マンションも恋人も手に入りました。

神奈川県に住む33歳の女性は、都内屈指の大学を卒業し、海外留学も経験。勤め先の商社では企画から営業までこなす頼もしい女性リーダーとして、活躍していました。そんな彼女の悩みは、両親や彼氏が頼りないことと、契約社員の女性たちが自由気ままなことでした。

でも、彼女がヨガを通じて気づいたのは、自分が1人で頑張らないといけないという思い込みが自分も周りも傷つけていたことです。彼女は今、色々な人の意見を聞きながら仕事を進め、率先して休みを取っている、良い意味で力の抜けた女性になっています。

男性にも変化をもたらします。人から見たら、素敵な家族がいる働き盛りの会社員。埼玉県の医療関係で働く38歳の男性の悩みは、毎日の生活の中で成長を見いだせないことでした。

奥様からの後押しと、あまり運動をしない人でも激しい動きの少ないヨガであればできるだろうという考えではじめたところ、次第にもっと自分から動いていきたいという思いが生まれたようです。家族を説得し、インドで1週間のボランティアに参加を決めました。帰国した後、彼は外国人の社員とも積極的に話すようになり、家と会社の往復が刺激的なものになったそうです。

次はあなたの番です。

あなたも次のインド式しあわせヨガの5原則を守れば、みるみる自分を好きになる日々が始まります。

・原則Ⅰ　ヨガをする時間や場所のルールを決めない

ルールは1日3分のみを徹底。決めすぎると辛くなる。

・**原則2　人生でもヨガでも、心と体が喜ばない我慢はしない**

感情も本能も天からのギフト。楽しむことから全て始まる。

・**原則3　無意識に自分を責めない**

脳は自動で思考を始める。考えたことが現実になる。

・**原則4　人にイライラしたら、意味を考える**

自分の不快感を認めてから客観的になると、意外に心は穏やかになる。

・**原則5　毎日の記録を残す**

心身の変化を書留め、脳と体に日々良くなっていることを確認する。

＊　＊　＊

私は決して、ポジティブでも楽観的な人間でもありません。

そして、自己肯定感も低い人間でした。

そのような私でも成長できそうな、役に立てる世界だと感じ、1社目のベンチャー企業に足を踏み入れたのは、大学を卒業した22歳の時のことです。

そこで出会ったのは、私以上にクヨクヨと悩んでいた人たちでした。才能はあるのにストレスに異常に弱い、美人で仕事もできるのに、とにかく自信がない……そのため、人とのコミュニケーションがうまくいかなくなってしまう人も多くいました。

転職した先でも、同じような悩みを抱えている人とたくさん出会いました。

そして、さらに彼らを悩ませたのは、否応なく訪れる社会的打撃でした。リーマン・ショック、グッドウィル事件などによるリストラ、東日本大震災での恐怖や対処に追われる日々。元々の日常の忙しさとコミュニケーション課題によって、休職やメンタル不調に陥る社員たちがみるみる増え、会社全体が疲弊した雰囲気になっていく瞬間が多々ありました。

現在の私の取り組みのきっかけは、「この会社の状況を何とかしなくては」という不思議な正義感と、今までの経験値によって自分の性格が改善されていることに気づき、カウンセリングを勉強し始めたことです。

ただ、心だけでは不十分、体からのアプローチがないと人は変わりづらいと思い、ヨガのインストラクター資格を取りました。

自分が20代初めに胃潰瘍で吐血し、20代半ばで脳腫瘍を患った経験からも、「真の健康」について人一倍考えるようになっていたのも、大きな出来事です。

そして、脳の病気で何人もの働き盛りの友人を、この時期に失ったことも大きなきっかけでした。

その後、人事業務と並行して会社員向けのヨガレッスンを行う中で、さらなる知恵と経験を求めインドに渡りました。

インドに生きる人のスタンスとそれに基づくヨガを日本に持ち帰ると、受講者の方の変化から、それまで以上に人の体と心にアプローチができることを実感しました。

体の悩みはもちろん、それ以上に自分のマインドをどうにかしたい、と思っている方へのヒントになればと思い、日常生活のエッセンスとしてできるインド的しあわせヨガ、そしてその元となっているインド人的思考や文化をお伝えしたいと思い、本書を執筆いたしました。

日本のヨガ人口は、今年2020年には1、600万人を超えると言われますが、本当に意味で自分のためにヨガをやっている人が、どのくらいいるでしょうか？

SNSで「いいね！」をもらうためのヨガはいりません。周囲を幸せにするためにも、一度しかない人生を有意義なものにするためにも、自分が幸せであることが最も重要です。

無理なく楽しく続けられる、そして自分を好きになれるヨガ、はじめてみませんか？14日も経てば、少し違った世界があなたの目の前に広がっていることでしょう。

目次

第2章　ポジティブに生きるコツ　43

第3章　心が軽くなる！ インド式ヨガ哲学　67

第5章　今からできる！インド式ヨガメソッド14　119

第6章　14日間で変わる！「インド式しあわせ思考とヨガ」の効果　173

第1章　13億の価値観がある国

インドでは、一人ひとりが自分の人生に責任を持っている

家族の中でもダイバーシティが当たり前

今の日本ではすっかり核家族が一般化し、1つの家庭の子どもの数も、数十年前より遥かに少なくなりました。

しかし、時代は変わっても、何かと「家族だから」という理由で、無意識にお互いに甘えてしまう部分があったり、言わなくても分かってくれるはず、といった思い込みがあったりするのではないでしょうか?

その内容も、日々のコミュニケーションから金銭面、教育といったライフプランまで様々だと思います。

結果、親と子、夫婦、兄弟姉妹のどちらかまたは双方ともに不満を持ち、言いたいことが言えない家庭も少なくありません。子どもから大人まで、家族が人生における最大のストレス要因になってしまっている人もいる程です。

では、インドでの家族生活はどういうものなのでしょう?

もちろん、様々な気候、職業、カースト、言語、宗教の中で、約13億人が生活をしている国なので、全く同じ生活をしている家族というのは、日本以上に存在しません。

ただ、私が見てきたインドの家庭の共通点は、大人であっても子どもであっても、自分の意思をしっかりとお互いに常に伝え合っていることです。

問題があれば、できるだけすぐに解決しようとします。さらに、「他責」にするのではなく、自分で自分の人生に責任を持ち、運命をできるだけ良い方向に動かそうとしているのです。

家族全員がバラバラな宗教の家もあるため、自分がどの神様を信仰しているのかを言葉や部屋に飾る絵などで表現します。どんな仕事、勉強がしたいのか、どこで働きたいのかはもちろん、カースト制度による結婚相手が決まっている場合、話し合いを通して、その相手とどうしたら上手に生活していけるかを工夫します。

それは、インドの生活環境や価値観に起因しているのでしょう。

同じ地域でも、1年の中で10度以下から40度以上の間で、温度が変化する過酷な環境下で生活をする人々が多くいます。しかも、日本のように数多くの冷暖房設備や、質の良い電化製品もないところがほとんどです。また、病院も少ないため、いつ誰が亡くなってしまうか予想がつきません。

そのため、選択できる中で、「後悔しない楽しい生き方」を1人1人が決めているようです。

私たち日本人も、かつては似たような考えを持ち、行動をしていた時代があったはずです。

INDIAN GODS

それがいつか、人と比べることで優越感や劣等感に一喜一憂し、人の評価に怯え、自分の思うように生きることが難しくなっている傾向があります。

まずは家族や親しい友人に、今まで言いたくて言えなかったことやこれからやってみたいこと、感謝の気持ちなど、ゆっくり時間を取って伝えてみることから始めませんか？

意外な発見や新しい可能性が広がるかもしれません。

インド人は「いいこと」を真剣に信じている

日本人と同じくらい働き者なインド人

今までの人生で、街中のカレー屋さんに行ったことがない、という方はおそらく少ないのではないでしょうか？

日本のカレー屋さんは、インドカレーと書いてあっても、ネパールやパキスタンの方が経営していたり、働いていたりするケースがとても多いです。「見分ける方法はありますか？」と時々聞かれますが、インドは他民族の国であり、ネパール語とヒンディー語は少し似ている部分もあるため、一見すると何人の方なのか分からないこともあります。

ただ、お店やオーナーのスタンスにもよりますが、インド人経営者やスタッフが多い《》お店は、ランチやディナーの間、または個々人があまり長めの休憩を取らない傾向にあるようです。

日本では、就業規則や現代の社会事情的に勤務時間や休息に関して、厳しく規定されているところも多いため、分かりづらいかもしれませんが、インドではその姿勢をより顕著に感じます。一緒にインドに滞在したお客様は思わず、

「みんな全然休んでないけど、大丈夫なのかな?」

「マッサージしてあげるよ」

と声を掛けるほどでした。

インドの方に確認したところ、いくつかの理由があることが分かりました。

1つ目は、インドは指示を出す側と受ける側に完全に分かれているため、受ける側の人は仕事が終わるまで、やり続けることが習慣になっているということ。

2つ目には、仕事があるということは生活ができるから、そして、日常が送れるというのは世の中に必要とされているので、幸せなことだから。

最後に、基本的にインド人は人の世話をしたいそうです。それは、チップがもらえるかもという理由も時にありますが、自分がされてきたから当然であるという考えに基づいていることと、いいことをするといいことがあるから、と話してくれました。

心に余裕がある時やいいことがあった時など、私たちは仕事があること、行くべき場所があること、当たり前の生活ができることに幸せと感謝を感じるでしょう。

しかし、色々な「当たり前」が厳しい環境の上に成り立っているインドでは、1つ1つのことが神様からの贈り物であり、奇跡の積み重ねなのです。

目の前の現実や将来の不安に囚われてしまいがちな日本ではありますが、私たちも意識的に1日に数分でも、奇跡が続く毎日の小さな幸せを感じる時間を大事にしていくことで、明日がもっと素敵な1日になるかもしれませんね。

ウィンクをしながら、色々教えてくれたインド人が最後に伝えてくれたのは、

「仕事中に息抜きをするのは、日本人よりうまいよ」

という一言でした。こっそり1杯のチャイを飲む、スマホの中の家族の写真を眺める、横になれそうな場所を見つけて一休み、様々な休息スタイルがあるようです。

日本で流れるニュースとインドの真実

インドは本当に危ない？

「インドに行くとお腹壊すんでしょ？」
「インドでは騙されるのは当たり前、襲われるのも日常って本当？」
「そんなに行っていて怖くないの？」

インドに行ったことのない人にインドに行く、と言うと必ずこの質問をいただきます。

インド式九九が一時期話題になったように、英語とＩＴ、計算を駆使し、ＮＡＳＡや世界を牽引するＩＴ企業の取締役にも多くのインド人が就任する時代になったにも関わらず、日本で暮らす私たちにとっては、未だにインドは人口が拡大し続ける発展途上国の1つ、というイメージがあるのでしょう。

その背景には、日本で取り上げられるインドのニュースの残酷さ、野蛮さもあるのだと思います。

汚い、臭い、うるさい、自己中心的な人が多い、お金がすべて…というイメージに加えて、犯罪の多さ、卑劣さを垣間見てしまうと、そう感じてしまう人が多いのもうなずけます。

インド側の気遣いもあって、私自身は危ない目にあったことは幸運にもありませんが、実際色々な事件があるのは事実です。けれども、インドの国土の9分の1しかない日本ですら毎日様々なできごとが起きていることを考えると、他国と国境を接し、人口自体も約6倍、さらに、たくさんの民族が共生しているというだけで、良いことも悪いことも日本より多いことは当然と言えるのではないでしょうか。

結論から言うと、インドという国が私たち日本人にとって、危ない国である要素を孕んでいるのも本当です。その理由は生きるため、ストレスのやり場がない、教育を受けていないなど、人それぞれです。

例えば、小さなやり取りの中では、インド人と一緒にいない時の、値段のない商店やオートリキシャ、電車のチケットを買う時など、現地の言葉が話せないと「外国人料金」を言われることは日常茶飯事です。また、スリやひったくりをはじめとした、犯罪が起きやすい人込みは特に要注意です。身を守るためには商談を除き、街を歩く時はできるだけ汚い格好をし、女性は手首、足首まで隠しておくことをおすすめします。

でも、だからこそ信頼できる人との絆を大事にし、一度仲良くなると、仕事もプライベートも関係なく助けてくれるのです。それが例え、自分より豊かな国の人間であっても同じです。

私たちは、普段何気なく生活をしていると、日本人のルールが全てと思ってしまうところがあります。もっとミクロな話をすると、勤めている会社やコミュニティのルールが正しいと思い込んでしまいがちです。そのルールにがんじがらめになり、疲れてしまうこともあるでしょう。

しかし、視野を一度広く持ってみると、たくさんの世界がそばに存在しています。今いる場所が辛かったとしたら、ぜひ他の世界に目を向けてみてください。今の自分を受け止めてくれる場所が、きっとどこかに存在しています。

実際、インドの過酷な環境、異なる文化が私たちにもたらしてくれるものが数多くあるからこそ、いつの時代もインドに焦がれる人がいるのでしょう。

親しくなると、インド人はこのように言ってくれます。

「ここは君のもう1つのホームタウンだ。世界中にはたくさんの人がいる。この広い世の中、今のタイミングで生まれた僕たちの出会いは神様がくれたギフトだし、意味があるから出会っている。その意味を大事にしたい。」

何だか最高のプロポーズですね。

郷に入っては郷に従え、まずは一緒にやってみる、疑問に思ったら素直に聞いてみる――そうすると、異文化や旅は一層面白いのです。

カースト制度で守られるもの、それによる矛盾

カースト制は不幸なのか？

インドのカースト制度と江戸時代の日本の士農工商って似ているな、と考えがちですが、実は少し異なるものです。職業の世襲制という点では同じですが、日本では武士以外はほぼ同じ身分に対し、インドのカースト制度は、完全に上下関係がはっきりしています。

まず、カースト制度の中には、ヴァルナと呼ばれる4つの階級があります。最高位のバラモンと呼ばれる僧侶、2番目の貴族の地位を持つクシャトリヤ、3番目はビジネスパーソンのヴァイシャ、4番目はかつて奴隷と呼ばれていた、労働者という意味のシュードラです。その下に、ダリットと言われる不可触民が存在します。た

CASTE
Brāhmaṇa
Kṣatriya
Vaiśya
Śūdra
Dalit

だ、これはあくまで「身分」を指しています。そのため、経済や政治的階層に比例していないことも多く、貧しいバラモンもいれば、裕福なシュードラもいるのです。かつてダリット出身の大統領を輩出したことが、その裏付けになるでしょう。

さらに、このヴァルナを細かく分けた、家柄を表すジャーティという言葉がありま す。各カーストでの職業を細分化したものというイメージが近いかもしれません。一般的には、この2つをまとめてカーストと呼んでいます。

実は、このジャーティを苗字にしているインドの方も少なくありません。私の周りには「Yadav」さんが多くいたので、意味を聞いたところ「牛乳屋」さんだそうです。人によっては、苗字でカーストが分かってしまうので、恥ずかしくて名乗りたくない、と言う人もいます。

ちなみに、カースト制度はなくなった、と言われていますが、実質今でも存在しています。

このカースト制度、馴染みのない私たちからすると、デメリットしかないイメージですよね。基本的には同じカーストの中でのお見合い結婚しかできない上に、職業も変えられないのです。その結果、起きてしまう犯罪もあります。

しかし、メリットもあるようです。同じまたは近いカーストの人と同じエリアで暮らすことが多いので、縦と横のつながりが強く、助け合いが当たり前になっています。少し前の日本のイメージに近いでしょうか。

自分の家の牛の乳が出なかった時には牛乳をシェアし、子どもの面倒が大変であれば他の家の人が世話をする、大きなお祭りの準備もみんなで行う、そのような共同体として成り立っています。そこに金銭は、もちろん発生しません。

ノーベル平和賞に輝いた、インド独立の父であるガンジーもカースト制度の否定はしていません。その理由は様々言われていますが、今の自分の立場は何かの因果によるもので、それを受け入れてこそ次の道が開ける、というヒンドゥー教の考えを大事にしていたようです。

「スクール・カースト」のような言葉が生まれたように、私たちがカースト制度という言葉を使う時は、どうしてもネガティブな印象を持ちやすい傾向があります。外見や経済状況、学歴や職業などで差別をする行為を、彷彿とさせるからでしょうか。

でも、本来のカースト制度の価値観を捉え直してみると、私たちの生活が少し豊かになるかもしれません。

カーストは差別ではなく役割分担です。

隣の芝を羨むことよりも先に、今与えられた環境についてたくさんの見方や意味づけをしましょう。なぜ、今この状況にいて、この仕事や立場を任されているのか？

どんな小さなことでも自分にできることを一所懸命やることが、成長にもつながり、きっと良い運や縁も引き寄せてくれるでしょう。「神様は何らかの形で〝見ている〟」そうです。

多様性とポジティブマインドが最大の武器！

インド人が優秀さを感じさせるそのワケ

「インド式の数学勉強法」に「インド式の英語学習」、日本では時々、インド人の生み出す想定外のメソッドが話題に上ります。

もちろん、実際は誰でも2桁×2桁の掛け算ができたり、インドの方全員英語がペラペラだったりする訳ではないのですが、彼らは実際に世界の様々な場所で活躍し、自分たちでもその才能や能力の高さに誇りを持っています。

私はインドの方に会うたびに、

「日本人から見ると、インド人はみなさん頭の回転が速く、優秀な人が多いと言うけ

れど、どう思いますか？」と尋ねてみました。

彼らの回答は、まさにインドという国を表すかのように十人十色です。

「インド人は本当に賢いと思う。中国よりも歴史が長く、色々な教えが引き継がれているからではないか。」

「小さな頃から家族の手伝いをしている人が多いから、物知りなのではないか。」

「物質的に豊かとは言えないので、常に仕事も遊びも工夫が求められるからだと思う。」

「イギリス人の残した遺伝子の影響もあると思う。」

ちなみに、聞いた中で最も多かったのは、

「インドには本当に様々な民族がいて、言葉も約30言語ある。だから、分かり合うにはたくさんやり取りをするし、気を付けなければいけないこともあるから、本当に頭を使うんだ。」という答えでした。


日本でも外国の方を見慣れるようになりましたが、やはり私たちの国はまだまだ日

本人が多く、日本人同士の場になると、

「分かってくれているはず」

「相手はこう思っているはずだ」

「自分は常識的に間違っていない」

といった無意識の先入観に囚われることで、人間関係がうまくいかなくなってしまう時があります。


さらに、インターネットには無料の情報が溢れ、日常的に安価で数多くの物がすぐに手に入るため、頭と体を酷使して新しいものを生み出す努力が減ってしまってはいるのではないでしょうか？

また、次の章で詳しくお伝えしますが、インドの人々と私たちの最大の違いは、圧倒的環境に裏打ちされた、ポジティブマインドによるのではないかと思います。

損得や評価、過去の失敗を気にしてしまい、「できないかもしれない」「タイミングが良くないかもしれない」など、リスクを先に考えてしまう方が多い日本人に対して、インドの方は、「できないならどうやるか」「できなかった場合はこうしよう」と、常に前に進むことを考えています。そして、チャレンジできる機会を含め、全ての出来事には意味があり、成功も失敗も無駄なことは何1つないため、彼らはいつも前向きなのです。

次の1歩がなかなか踏み出せない時、まずは、踏み出せるチャンスがあることへの感謝と与えられた意味を考えてみてはいかがでしょう？

頭ではわかっている、という方も多いと思いますが、未来の不安を一度心の隅に置き、今できることに集中し、精一杯やってみることで、必ず現状は変化します。

次の章では、過酷な環境に生きるインド人が、いかにポジティブであるかをご紹介します。その価値観に触れることで、私たちにも明日からできることを見つけていきましょう。

［コラム］

インド人とカレー

インドでは本当に３食カレーなの？

１年に３、４回はインドに行っていると伝えると、

「インドでは本当に１日３食カレーなの？」

「インド人はカレーを本当に手で食べるの？」

「日本のカレーとどちらが美味しい？」

など、カレーに対する質問を矢継ぎ早にいただくことが多いです。特にこの３つは必ず聞かれる項目でしょう。


まず、インドは３食カレーです。ただ、スパイスで味を付けたものを全てカレーと呼ぶため、私たちが日常的に食べているカレーではない料理も登場します。そして、私の行く北インドでは、ルーのあるカレーのお供は、大きくもっちりとしたナンが出ることはほとんどありません。チャパティというナンを薄くしたような生地でできている、手のひらより少し大きめの丸くて薄いパン、またはライスです。

これをインドのみなさんは、一緒にいる人が不快な思いをしそうな時、カレーが熱すぎる時などのイレギュラーがない場合は、上手に手で混ぜて食べます。ポイントは、４本の指に一度に口に入るだけの量を乗せ、親指で押し出すように運ぶことだそうです。


インド人の多くが信仰するヒンドゥー教では左手は不浄の手とされるため、右手だけで、チャパティでカレーをすくったり、カレーとライスを器用に混ぜたりします。手で混ぜて食べると、味がマイルドになり、美味しさもアップするようです。

最後に、日本のカレーとどちらが美味しいか、それは野暮な質問と言えるかもしれません。

インドからイギリスに独自のカレー文化が渡ったように、イギリ

スから日本にカレーがやってきて進化を遂げました。今では数えきれないくらいのカレーの種類が、日本市場を席捲しています。家庭での工夫を入れたら、その数は無限でしょう。でも、自分に合った味というものがみなさんそれぞれにあるように、インド人も同じです。特に育った家のカレーは、ほとんどの人にとって美味しいものだと思います。

私たちがインドに行っていただくカレーも色々な方の工夫が凝らされていているため、好きな味、苦手な味があるでしょう。一般的には、北インドは辛くスパイスがきいていて、南インドはフルーティでまろやかと言われます。

自分だけの最高のカレーを、インドで見つけてみるのも面白いかもしれません。

第2章　ポジティブに生きるコツ

自分の『今』と『心』に素直になる

インド人は人の評判を気にしない

出会うインド人の多くは、びっくりするくらいポジティブです。インドを訪れる度に、この心のありようが、私たち日本人と一番違う部分だと痛感します。

北インドの公用語の1つであるヒンディー語は、少し怒っているように聞こえてしまう時もありますが、彼らの姿勢は至って穏やかで前向き。細かいことを気にしません。

私たちは幼少期から、何かと人からの評価、評判や社会常識に時には守られ、時には縛られて生活をしています。友達、勉強、仕事、コミュニティの暗黙のルールなど――。

でも、それは彼らにとっては多くは取るに足らないことなのです。「自分が今どうしたいのか」そして、あくまで自己判断で「目の前の人が幸せかどうか」が重要だと感じています。それが評価されることもあるかもしれないし、悪く言われることがあってもそれもまた必然だと捉えています。

インドの友人のところに遊びに行くと、とにかくたくさんの場所に連れていかれ、道行く人を含め、数えきれない人に紹介されます。気づけば、人脈で仕事もプライベートも乗り切るインド人と同じように、インドでも友達の輪が広がっていきます。

「日本から友達が来たんだ」
「日本人がプレゼントをくれた」
「ぜひ家にも遊びに来てほしい」
「今日は大事なパーティの日になったから、マトンカレーにしよう」

その後、様々なところでとんとん拍子に話が進みます。しかし同時に、私たちの取り合いで言い争いに発展することもあります。

彼らにとっては、信頼する豊かな国である日本から自分たちに会いに友達がやってくることは自慢の1つであり、その幸せを周りにシェアし、私たちを自分たちのやり方でもてなすのは当然のことなのです。その一連の流れの中に、「相手にどう評価されるか」という懸念は全くありません。その結果、インドに行くと疲れるという友人もいます。

これはあくまで一例ですが、時に自己中心的と思われるくらい、彼らは他人が関わることでさえ、今の自分の気持ちや意志に忠実です。その背景として、人の気持ちは結局のところ神様しか分からないという感覚を持っていたり、過酷な環境の中で、日本の何倍もの多くの人と同じ空間を共有したりするのが日常だからかもしれません。

この一瞬を無駄にしたくない、後悔したくないという気持ちや、今ある中でのベストを考えて動いているのです。

私たちは、どれだけ自分の心に素直になれているでしょうか？

あの時会っておけば良かった、と顔を思い浮かべる人はどのくらいいるでしょうか？

すぐに行動に移せなくても大丈夫です。まずは、人から評価を気にしてできなかったことや、できないことばかりに目を向けてやってこなかったことを思い出してみましょう。明日から取り組めるベイビー・ステップが見つかることを願っています。

すべては捉え方次第！
自分と周りが笑顔になれる考え方

人と違うことは、神様からの贈り物

ＳＮＳが発達しすぎてしまったためでしょうか？

周囲の人の「リア充」な情報が、いつでもどこでも私たちの生活に入り込んでくる毎日をはじめ、多くの人はリアルタイムで人とつながることのできる便利さと、プレッシャーの中で日常を過ごしています。

そのため、あふれる情報で脳が疲れてしまい、色々な感情が湧き出てしまうことで、心も不安定になってしまっています。心のデトックスを目的に、ヨガのレッスンにいらっしゃる方も本当に多い印象です。

人によっては、

「もっと可愛かったら人生違っていたのに」

「もっとスタイルが良かったら幸せだったのに」

「充実していない自分はダメ」

「友人はこんなに幸せそうなのに私は……」

「友達の幸せそうな投稿を素直に祝えないのは、性格が悪いの？」


といったネガティブな思いから、自己嫌悪に囚われ、自分の良い面や明るい未来、楽しいことに目が向かなくなっていて、もったいないなと思うこともあります。

ちなみに、インドの人々は、どんな見た目や生活環境であっても「人と違う部分は、神様からのギフト」と考えています。以前、カースト制度を背景とした、近い血縁での婚姻関係によって産まれたため、指の数が違ったり、耳が聞こえなかったりする人に会ったことがあります。

それでも、彼らは
「指が多いと便利だよ！」
「耳が聞こえなくても、仕事があって幸せ。目は見えるし、料理の味もよく分かるよ！」と、ポジティブに考えています。外見で差別をする人もいません。

また、インドには未だ女性が持参金を持って嫁ぐ風習も多くあります。そのルールがある地域は、女の子ばかりの家だと、どんなに父親が頑張って稼いでも金銭的に余裕はなく、貧しさから抜け出せません。そのような、家族で食べていくのもやっとの家であっても「家族がたくさんいるというのは楽しいよ！　今度は孫ができるんだ。幸せはお金じゃないよ。」と笑顔で話してくれます。

物事の良い部分を見つけ、人生をより良いものにする——インドの人たちは前向きに生きる天才でもあります。

彼らにとっては、病院設備がない中で無事産まれてくることは大変だけれど、とても素晴らしいことであり、母親も健康であればさらに奇跡なのです。そして、産まれることが1つの苦労であるなら、長い人生において難しいことがあるのは当然だと考えています。

また、人はいつか死ぬ。みんな死ぬならば、少しでも良い思い出を増やそう——その価値観を大事にしています。

今うまくいっていないこと、悲しいことが多いなと感じている人がいたら、SNSを一度閉じて、自分の素敵なところや、周囲にある幸せなポイントを見つけてみましょう。

毎日一生懸命悩んでいる頑張り屋なところ、完璧主義で時々辛いけれど、仕事の責任感が人一倍あるところ、自分に自信がなかなか持てない分、人が落ち込んでいる時に気づけるところ——

一見ネガティブに見える部分も、視点を変えることで、神様からのギフトに変貌するはずです。

人には迷惑をかけて当たり前！
大切なのは、「許せる」こと

お礼も謝罪も不要！ 小さな迷惑は信頼の証

人口も民族も多く、必要に応じて、仕事や雇用も自分たちで生み出していかなければいけない場面があるインドでは、人との支え合いや人脈というものが日本以上の肝になります。

価値観だけでなく、言葉も違う可能性がある多くの人と協力をしながら、迷惑も掛け合いながら頭と体を使って毎日を生き抜いていく——日常生活の中だけでも色々な困難に出会い、たくさんの工夫が強いられるのは、想像に難くありません。

例えば、東京都心の駅も人があふれていることが多いですが、インドで電車に乗ろうと思うと、切符売り場の窓口の混み方は東京の通勤ラッシュでも比になりません。も

TICKET

ちろん、席数も決まっているので、切符は取り合いです。ホテルの若手スタッフの半数が私たちの切符を買うために朝4時から並んでくれたり、一緒に走ってくれたりすることも経験しました。

そこで、優先的に席を取ってくれる窓口はどこなのか、営業時間を超えても対応してくれる駅職員は誰なのかを理解し、その人と事前に仲良くなっておくという日ごろからの準備ができていると少しスムーズに購入ができます。

他にも、ヤギの肉を分けてくれたり、料理をしてくれたりするご近所さんに始まり、自分の会社やプロジェクトを取材してくれる新聞社やテレビ局などのマスコミ、村を豊かにするために土地を巧みに運用してくれる金融機関、自分の仕事を気持ちよく手伝ってくれる親戚や友人との距離感や付き合いも、大事にしています。人によっては、カーストや地域を超えて国中に広がっています。

ちなみに、その距離感、私たちから見るととても近いです。

物理的にスキンシップの頻度が多いのもあると思いますが、話したり、座ったりする距離も近い上に、会う頻度や連絡を取り合う回数が多い印象を覚えました。人によっては男性同士でも手をつなぎますし、ホテルでも同じベッドで休むことも普通だそうです。

その背景には、1人のパーソナルスペースがそもそも狭いこと以外に、同じ時間や空間を共有することで、相手との信頼や忠誠を築き、確認する目的があるのでしょう。友人や出会いを大事にするという文化ももちろんありますが、インドでは

——お互いに迷惑をかけないと生きていけない。
それなら、いつ迷惑をかけてもいい関係を築き、
できる限り快適に生きるために支え合う——

という概念が共通認識で持たれているように感じます。その結果かどうか分かりかねますが、彼らはごめんなさいやありがとう、を私たちほど頻繁に使いません。

初めは失礼にならないのかな、と勝手に心配をしたものですが、小さな世話に対し、

毎回挨拶はいらないくらいの距離感で接しているのは、ベストな関係ということですね。

相手の気持ちを考えて、1つ1つのことをするのは日本人の良いところかもしれませんが、迷惑をかけ合うのが自然で、それを笑い合える人が周りにいるのも幸せだと思います。

余談ですが、北インドの公用語の1つであるヒンディー語に**「seva」**という言葉があります。これは日本語で**「世話」**と同じ意味で、発音も非常に似ています。

日本語が分かるインド人が言うには、

「インド人も日本人も世話がもともと好き。自分以外の人の世話をもっとしてみるといいよ、きっといいことがあるから。インドも日本も神様が多いから誰か見てくれてるよ！」

とのことです。

相手が迷惑と思っていても、自分にとっては迷惑ではないかもしれないですし、まずは近い距離にいる人に、小さな迷惑のお世話をしてみませんか？

インド人から見た日本人の不思議

「日本人は大好きだけど、ちょっと面倒」

インド人の友人と会うと、多くの人が苦笑いしながらこのように答えます。具体的に何が面倒なのかを聞いてみると、

「意見をはっきり言わない」
「あとからこっそり文句を言う」
「小さなことで困ったり、怒ったりする」
「優柔不断」
「親や会社の意見に従いすぎている」
「女の子が自立していて強い」

最後の意見は置いておいたとしても、これらについては、私もよく相談を受けます。

彼らは、小さなことや自分の利益にこだわって人生を冒険していない日本人に会うと「物質的に裕福な国に生きる、心が貧しい人」という印象を持つようです。

インドは基本的には親日国です。実際インドを訪れても、日本語を学ぶ人も多く、日本人の手先の器用さ、国籍を問わず困っている人を助けようとする姿勢、ビジネスでの素直さ（インド人に比べて狡猾ではなく正直と言う意味）、人の意見をまとめる力などは尊敬されることが多いです。

先ほど、インドでは1つの命が誕生することが奇跡、と書きましたが、生まれてすぐに亡くなってしまう赤ちゃん、またはお母さんが本当に少なくありません。人口の多さに忘れられてしまっている部分ではありますが、インドの町を歩いていると、毎回お子さんやお孫さんを亡くして泣いている方に出会います。

「息子に双子が生まれたんだ。でも、1時間ごとに1人ずつ亡くなってしまった。命や時間はお金では買えないんだって、分かってたけど空しくなったよ。助けてくれる人がいるならなら、人気になったこのラッシーの店をあげてもいいのに。」

「年齢的に難しいと思ってたけど、念願の息子ができたんだ。すごく会うのを楽しみにしてたのに、生まれて1時間で死んでしまった。妻も自分もどうしていいか分からない。」

インドの出産や子どもがすくすく育つことは、まさに奇跡の連続なのです。

他にも、病院が遠かったり、金銭的な事情で治療が続けられなかったりという事情で、早くに家族を亡くしてしまう人も数多くいます。人が亡くなると、インドの男性は髪を剃って坊主にします。そして、どうしようもないもどかしさや、悲しみの中で、自分の将来を夢見るようになる人もいます。

「お母さんが亡くなった。日本で暮らしてたら生きられたかもしれないのに。だからこの街に病院を増やしたいんだ。」と語る30代の男性がいたり、

「いくつ？」と尋ねると決まって、「15歳」と答える13歳の男の子がいたります。

その理由を彼が働くホテルのオーナーに尋ねると、

「あの子が生まれた時に、お母さんが病気になって、お父さんは死んでしまった。彼はお母さんの入院費を稼いでいるんだけど、この国では15歳にならないと働けないか

ら、そう答えるようにしてるんだと思う。」とのことでした。

そのような人々が生きる世界では、落ち込んでいる時間はそう多くは取れません。

自分で最善の判断をし、人生を切り開かなくてはいけないのです。それに比べると、たくさんのリソースや選択肢がある中で、小さくまとまってしまいがちな私たちの生き方は、甘く感じられても仕方ないのかもしれません。


もし、自分の人生に行き詰まりや空虚さを感じる方がいたら、勇気を持って少しだけ背伸びをして、いつもと違うことをしてみるのはいかがでしょう。いきなり海外に、ましてやインドに行く必要はありません。苦手だった仕事に取り組んでみたり、昔挫折した勉強をしてみたり、会いたい人に連絡をしてみたり――インド人が言うには「人生は1回しかない。今生きていること自体が、何も失敗をしていない証。チャレンジしないともったいない。」とのこと。

自分を豊かにする方法に、大きさや数は関係ありません。少し視野を広げてみると、毎日私たちが選び取っている数多くの選択の場面においても、人生を動かすきっかけに出会えるはずです。

どんなに時間がかかっても、話し合うことに意味がある

喧嘩は苦手、でもディスカッションは好き

インドに行くと賑やかさを感じる理由は、道行く人の多さだけではきっとないでしょう。チャイを飲む時も、リキシャに乗る時も、もちろん観光地でも、彼らは明らかに友人ではない人ともずっと話をしています。さらに、彼らの携帯電話はほぼ1日中鳴っています。

近況や雑談は言うまでもなく、気づくといつの間にかビジネスのやり取りが始まっていることもあれば、とりとめなく政治の話をしていることもあります。

とにかく、自己主張や人の意見を聞くこと、交渉事などが、その瞬間ごとに多岐に渡る場所で行われています。

彼らの饒舌さやプレゼンスキルは、このような日常で培われているのだと実感します。一緒に物事を進めるたびに、こちらもしっかりと話すことを求められ、同時にいくつかのパターンを想定した提案ができないと、納得してもらえないこともあります。そして、問題が起きれば持ち越さず、その場で解決するために必要なメンバーをすぐに集めて話し合うことも多々あります。

これらは一見、とても手間のかかる無駄な多いもののように見えますが、彼らなりの平和的合意方法のようです。

何度もお伝えしているように他民族国家であるインドでは、州や地域、同じ場所でも宗教やコミュニティなどによって、行事をはじめ様々なルールが変わります。物の値段の変動も激しいです。

元々個人店が多いこともあり、レストランから弁護士、ホテルまで値段が固定されておらず、インド人同士でも話し合いで決まるケースも少なくありません。

話し合うことで解決しない場合も多いようですが、彼らはもちろん気にしていません。「また縁があったら会うよ」と言いながら、次の人に話しかけに行きます。合意が成立しなくても、お互いに情報をもらえたことや、相手の価値観を知れたことで、親しくなるポイントを掴んだことは次につながる立派な収穫なのです。

私たちは、とにかく無駄な時間を削ろうと努力しがちです。通勤時間を始め、対面での会議や時には友人との何気ないおしゃべりですら、もったいないと思うときがあるのではないでしょうか？

不要と感じる時間は本当にいらないものかもしれないし、長い目で見たら巡り巡って自分に幸運を運んでくれる青い鳥に変わる可能性もあり得ます。

時々自分を取り巻く状況、インド風に言うと「縁起」を客観的に見直して、優先順位やバランスを整える機会を持つことをお勧めします。

［コラム］

インド人と牛

身近で尊い神様は万能？

インドに初めて行った時、牛による道路渋滞に、驚いた記憶があります。集団で進み続ける、もしくはのんびり逆走して向かってくる牛に、誰も手出しはできません。全ての道路は牛優先です。

インドでは家の庭はもちろん、学校や空き地、道路で牛が自由に行き来しており、牛が通る度に車は止まります。所有されていない牛は、道行く人全員で世話をする対象です。彼らはヒンドゥー教の最高神の１人、シバ神の乗り物です。さらに、生活に必要な牛乳をもたらし、その糞は畑の肥料となり、ゆったり動いて農作業も手伝ってくれるありがたい存在なのです。開業や結婚などの素晴らしいことがあった時、牛をプレゼントすることもあるそうです。

最近、日本でも人気が出ているのが、バターコーヒーを作る際に使っている人も多い「ギー」です。これは、牛乳を煮詰めて余分な水分やたんぱく質を避けた、純粋な脂肪分です。インドでは、ギーは食用だけではなく、医療やおまじないの１つとして活用されています。耳の聞こえが悪い時は耳の穴に塗るなど、痛みや不調がある部位に塗り込むのです。薬がなかなか手に入らない田舎では、とても重宝しているようです。実際に効果もあるとの話ですが、私たち日本人は真似をしないように気を付けましょう。

感謝と尊敬の意を込めて、ヒンドゥー教の人は、牛を食べることはありません。牛肉で取ったダシが、入っているものも口にしないのです。

インドの人と食事に行く時があれば、自分も牛肉を使った料理を控えるなど、心がけておきましょう。

［コラム］

インドでの交通手段

象から最新の地下鉄まで

インドに行ったら何に乗りますか？
インドには、実は移動手段が色々あります。

飛行機はもちろん、広い国土を走る電車やバス、車に始まり、テレビなどで見たことがあると思いますが、たくさんの人を載せたバイクと、人力車、時々喧嘩をしている黄色と緑のオートリキシャは、まさにインド名物と言えるでしょう。他にも城の敷地を象で移動したり―これは観光地だけかもしれませんが―、トラックや車の荷台に乗せてもらったり、乗れそうな乗り物に乗れるだけの人数が乗っているのも、インドらしい光景です。

もちろん、カーナビを搭載していない乗り物も多いため、広いインドの道がどうドライバーの頭の中に描かれているのか、毎回不思議になります。

朝と夕方のラッシュアワーでは、様々な乗り物の渋滞が起きています。そこに牛が乱入してくることも…デリー市内では、救急車が立ち往生している風景も時々あるくらいです。

そして、渋滞の時は各車スピードが出ていないのでまだ良いのですが、それ以外の時は、油断をしていると、たくさんの人を乗せた車とバイクの上や横から人が落ちてくるので、必死で乗っている人だけでなく、周りを走る車も気を抜くことができません。
「このままここで、ガンジス河送りになるのだけは避けたい！」
インド人は苦笑いでこう言いますが、笑いごとではないのが実際のところです。

ただ、デリー市内には、日本も建設に関わった綺麗な地下鉄が走っています。値段もリーズナブルなので、仕事に行く人はもちろん、大学生から外国人までたくさんの方が利用しています。

乗り方はSuicaのようなチャージ式のカードまたは、５００円玉くらいのコインが切符代わりになっています。このコイン式の切符はデザインも可愛らしく、お土産用に買う人も増えています。

英語表記もあり、空港に行く時も便利なので、インドに行かれた際は乗ってみてくださいね。

第3章　心が軽くなる！インド式ヨガ哲学

インドへ行けば、人生は変わる？

「何か」を探しに、とにかくインドを目指す日本人

「30歳になったからインドに行く」
「とりあえず、インドに行けば何かが見つかるらしい」
「今の自分を変えたい。よし、インドへ行こう」

インドに出張することが多いと言うと、このような人の話を直接、または間接的に聞くことがよくあります。

以前は、ビートルズやヒッピー文化に影響されて、という人が多かったかもしれませんが、最近では、インド映画、すなわちボリウッド作品やヨガの世界に魅入られた人だけでなく、やはりインドがアジアの中でも気候や衛生面などにおいて過酷な環境であり、独特な世界観を持っているイメージもあるため、そこに行けば、日本では見

つからなかったものが見つかるのではないか、という漠然とした期待を持って行く人も結構います。

実際に、スティーブ・ジョブスも師匠という意味のグルにインドで出会い、悩みへのヒントを手に入れています。

しかし、インドに行った人全員が人生変わるのか、というとそうではありません。ビジネスの下見や観光、サバイバル力を試したいなど、何かの目的があるならば、きっとインドは、その思いに何かしらの答えをくれるでしょう。

「インドは呼ばれた人しか来られない」

「天国と地獄が共存する国」

とインド人たちも言うほどです。厳しいことを言いますが、環境や世界が自分に働きかけてくれる、と思って行くと、病気になったり、怖い思いをしたりする経験に見舞われます。

「インドはたくさんの神様が住む国だから」

「命を正しく使おうとする人にインドは優しい」

とインド人は言いますが、本当のところは分かりません。

でも、インドでこれを学びたい、インド人とこういうことがしたい、インドで何があっても全てポジティブに受け入れる、といった決心やテーマを持った人に対しては、本当にインドの神々は微笑んでくれます。


どうしてもヒマラヤ山脈が見たかった人は、閉ざされていたダージリン地方の県境を越えることができました。

母の弔いがしたかった人は、ガンジス河の上で旧友と再会をし、人生を変える勇気を求めて、毎日1人のインド人と仲良くなるという目標を立てた人は、一生の友人と出会えたのです。


何度もお伝えしますが、インドは厳しい国です。

ただ、自分と自分の運命を信じ、覚悟を決めた人には、想像以上のギフトをくれます。それがインドの神々の仕業なのか、意志を持った日本人の世話をしたいインド人の優しさなのかは、行ってからの楽しみに取っておいてください。

GANGES

9割の人が知らないヨガの歴史

歴史を知ると、ヨガがもっと身近になる!

インドと言えば、カレー、ターバン、ガンジス河、ボリウッド、そしてヨガではないでしょうか?

様々な宗教や伝説を汲んだヨガは、インドの文化、インド人の考え方の基礎の1つになっているだけでなく、実際にヨガをすでに日常生活に取り入れている人もそうでない人にも参考になる部分がきっとありますので、まずは哲学を生み出した歴史から、簡単にご紹介いたします。

なお、現代の日本で行われているヨガは、アメリカを経由して入ってきたものが多いです。マドンナやミランダ・カーのようなモデルやアーティスト、ハリウッド女優のおかげで、美意識の高い日本の女性たちに広まりました。昨今では男性のヨギー（ヨガをする人）も増えてきましたが、これはイチローや長友選手などのアスリートや経営者の影響でしょう。

ヨガがブームになる前、ヨガをあまり知らない人からはストリートファイター2というゲームに出てくる、インド代表の選手『ダルシム』がヨガのイメージだったようですが、彼に憧れてヨガをやっている人は、まだ聞いたことがありません。

ヨガの歴史を詳細に学ぶとしたら、恐らくそれだけで1年はかかる量かと思います。

その理由は主に3つあります。

ヨガは紀元前2000年発祥と言われるため、とにかく歴史が長いです。もう1つは、その時の覇者の戦略が交錯しているため、時代における方向性や位置づけが変わっています。3つ目としては、多くの人がヨガの良さを求め続けた結果、たくさんの流派に分かれ、各国ごとに継続することとなったからです。

紀元前約2300～2000年頃に造られたと言われる彫刻が取っていた体の型が、ヨガのアーサナ（ポーズ）の原型とされています。有名なインダス文明の遺跡、モヘンジョ＝ダロでも色々なものが見つかっています。
最近では、アーユルヴェーダという言葉を医学、栄養学で聞いたことのある方もいると思いますが、この一番古いとされるヨガの原始時代をヴェーダ期と呼びます。まさに、神様がたくさん登場する神話的な時代です。

その後、紀元前1000年から紀元後800年にかけて、古典と呼ばれる長い時代に入り、ヨガの基礎的考えになっている「梵我一如（宇宙も私個人も1つである）」が説かれ、全てのヨガの基礎となる、ハタヨガが生まれます。
実は、ヨガにおいて、ポーズが中心となったのは、紀元後800年、すなわちヨガの歴史の中ではまだ新しい時代のことなのです。

そして、映画化もされた『あるヨギの自叙伝』の著者、ヨガナンダがインドからアメリカにヨガを広めたことを1つのきっかけにヨガはグローバルなものとなり、1800年以降各国でスタンダード化していきました。

Asana

各国でのヨガブームを受け、モディ首相を中心に、ヨガの誕生地であるインドがヨガを改めて定義し、元々はインドの文化であり哲学、として教育に入れ始めたのは、２０１４年頃のことなのです。

６月21日が世界的にヨガデーとして決まったのもこの頃です。

ちなみに、女性にヨガが解放されたのは、20世紀前半とまだまだ新しく、インドのヨガの聖地リシケシを訪れても、私はまだインド女性のヨガグルジ（ヨガの先生）にお会いしたことがほとんどありません。

紀元前2500年前から続く、ヨガの哲学とは？

実は日本人が共感できる部分も多いヨガ哲学

知っている方も最近は増えてきましたが、ヨガはもともと「悟り」のための修行の1つです。インドの哲学には大きく分けて9つの学派があり、それぞれが特有の哲学を持っていました。ここでは、その共通点と言えることを、紹介していきます。

まず、ヨガの哲学として、プルシャ・アルタ（人生の目的）には4段階あり、アルタ（生活の安定）を経て、カーマ（生きる喜び）を感じ、ダルマ（社会秩序）を守り、最後はモクシャ（究極の自由）＝「悟りの境地」を手に入れることが、人の生きる道と説いています。

そもそも、ヨガとは「Yuj」という語源に由来しており、「結合」「合一」「制御する」といった意味があります。牛や馬に手綱を結びつけるイメージですね。

ヨガの聖典『ヨーガ・スートラ』には、「ヨーガとはチッタ（心素）の働きを止滅することである」という一句があります。要は、心の動き、ひいては体の動きや神経までをコントロールできるようになることが目的の1つであり、徐々に心と体の統一である「心身一如」から、大自然や宇宙と自分は1つであるという「梵我一如」に移行していくことを教えとしています。

まずは、プライドや嫉妬などに代表される煩悩を手放すことがスタート、ということも言えそうです。

また、ヨガとはそこに向かう瞑想の1つであるため、基本的にはスカーサナと呼ばれる、あぐらのような安楽座の坐法からスタートします。ただ、一般的にイメージされる瞑想のように、ずっと座ったままで自分の中に意識を向けるというのは、並大抵の集中力ではできません。そこで、ポーズが生まれたという説があります。

体を動かすと、負荷がかかっている部分やストレッチしている場所を意識することができるので、自分の内側に集中しやすいのです。今、私たちが主に取り組んでいるヨガは、古代に生きた人の智恵とも言えるかもしれません。

MAHĀBHĀRATA

ヨガとは人生を楽しむ技術である

現代を生きるインド人が取り入れたヨガマインド

インドの人々の生活とヨガは密接な関りがある、とお伝えしましたが、私がインドの方の話を聞くうちに、日本のヨガスクールでは学べなかったことがありました。もちろん、インドには色々な価値観の人が生きていることは、すでにお伝えの通りです。「日常生活を送らなければいけない私たちがいきなり瞑想をしても、すぐに悟りを開くことができるはずがない！まずは、煩悩を知り尽くす必要がある」とのこと。

少し、ヨガのプラクティスについての違いをお話しします。

日本では、ヨガを美容のために行っている人も多く、食生活の管理を徹底的にするなど、非常にストイックな部分があります。その生活で調子がいい人は、もちろんそれでかまいません。ただ、無理な食事制限のための栄養の偏りやストレスで、却って肌ツヤが悪くなってしまったり、元気がなくなってしまったりする方もいるのが事実です。私もかつて、そのような経験をしたことがあります。

インドのみなさんは、自分に合ったヨガを、自分に合った形や頻度で行っています。宗教的なベジタリアンではない人は、食事やお酒を気にすることもないし、もちろん、人にヨガをしている自分を見せる必要も感じていません。そのため、「ヨガをしないといけない」といった強迫観念や、「今日はできなかった」という自己嫌悪を持つ人もいません。

なぜなら、ヨガの基盤は、あくまで心と体の健康のためのものであり、自己治癒能力や潜在能力を高めるものであり、自己肯定のために実践するものだからです。そのおかげか、公園などでヨガをしている人、ヨガ的に生きている人は、とても生き生きしています。

無理をしてヨガをする、という考えは、彼らの中にはないのです。

ヨガが人生の可能性を教えてくれる

心と体の変化がもたらす価値観と人生の変容

私はインドで、カウンセラーやコーチのような方とお会いしたことがありません。

彼らが悩んだ時に相談をするのは、学校の先生や僧侶、信頼できる仲間が多いようです。

日本ではまだ、社会の枠やルールに当てはめて、最初から心の持ちようや考え方を変えようとする傾向があります。また、とにかく今の現実を受け止められずに環境に原因を見つけたり、殻に閉じこもって悩んだりする人も少なくありません。
頭で考えても答えが出ない時、ネガティブなループに入ってしまう場合、まず体から動かしてみてはいかがでしょうか？

確かにヨガは、元々修行や瞑想の一種ですが、パタンジャリの編纂した『ヨガ・スートラ』に描かれた宗教的知識などを軸にした理論（ヴェーダ）と、伝統的なハタヨガにおける実践方法（タントラ）が基礎になっています。

実は、瞑想だけを行い、健康を害していく僧侶がインドには多々いたそうです。修行中のブッダも同様に、断食で瞑想を続け、スジャータという女性に乳粥をもらって回復したのちに悟りを開いた、という話がある位です。

そこで、彼らは民間の智恵も借りながら、瞑想と体の健康を同時に促進することができるハタヨガの技法を開発しました。

当時、現在のような解剖学という学問があったかは分かりませんが、人の呼吸や筋肉の動きに重きを置いたその方法は、結果的に体だけでなく、心の持ちようも良い方向に変わり、瞑想にも発展的な効果があった、という一石二鳥以上の成果をもたらしてくれることになったのです。

これが今、私たちも実践しているヨガの呼吸法やポーズになっています。

さらに、体の柔軟性向上、内臓の活性化が心をポジティブに動かすだけでなく、ヨガの技法を実践することで、いくつであっても日を追うごとに筋肉や関節が丈夫になっていったり、姿勢が整ったりするのは、とても分かりやすく嬉しい変化と言えるでしょう。

そのような自分の体、そしてそれを実践することができた自分の可能性を感じ、自己肯定や自己信頼を高めて行けるのが、ヨガの有難いギフトです。

インド人は本当によく、

「健康が大事だ」

「元気な体と心があれば何でもできる!」

「物はいずれなくなるし、外見を着飾っても空しいだけ。健康な体と心はお金では買えない本当に貴重なものだ。」

と言います。

彼らは私たち以上に、心と体はそもそも1つであり、真の健康というものを人生において重要なファクターと捉えているのです。

ヨガと禅とマインドフルネス

根本はすべて同じ！ 好きなアプローチを選びましょう。

ヨガブームが少し落ち着いた頃、今度は禅やマインドフルネスといったアプローチ手法の流行が日本中を駆け抜けていきました。きっかけは、経営者や大手企業が研修プログラムで取り入れたことでしょう。

経営者が率先して取り入れたことから、悟りを目標としているよりは、心のゆとりを生み出すため、自分を内観するため、仕事の生産性をアップするため、などの目的がメインと言えます。

禅は簡単に言うと、仏教の瞑想の1つです。また、仏教はヨガの価値観を踏襲している上に、ブッダが悟りを開いたのは、ヒンドゥー教の文化が広がっていた時代です。

そのため、思想は共通している部分が数多くあったとしても、不思議ではありません。荒い比較にはなりますが、禅は静かに座り、自分の内側を見つめ、心を穏やかにしていく方法に対し、ヨガは動く瞑想になります。動くことにより、自分の体や心の変化に意識を向けやすくしています。感覚と感情を切り離していくうちに、心も穏やかにまたは前向きになる仕組みを持っています。

もう1つのマインドフルネスは何かというと、東洋思想のヨガや禅とアメリカの医療、科学が融合されたものです。認知療法の一種として、あくまで負の思考スパイラルに陥らないようにするための方法を中心に、実生活に応用できることを第一としたツールになります。

呼吸やアファメーション（自己暗示）を効果的に使い、短時間でストレスを緩和し、生産性や集中力を上げることが可能になるため、特にスポーツやビジネスでは取り入れやすいのです。

なお、ムーブメント瞑想というやり方もありますが、一般的なヨガレッスンほど動くことはなく、体系に基づいた動きもありません。「今ここ」に意識を向けるというポイントは、ヨガや瞑想と共通です。

研修などの機会を活用して、座禅やマインドフルネスを行う企業も増えていますが、成長期の学生の方向けには、まだヨガの提供機会が多い印象があります。

恐らく、最近の子どもたちと接していると、コミュニケーションに自信がなかったり、発達障害等で同じ姿勢でじっとすることが苦手だったりする子が増えていることが原因の1つかもしれません。

ヨガであれば、1人で自分と対話することもできますし、近くの人と協力してポーズを取ることもできるので、人との距離感も学べます。さらに、レッスンの中でポーズをいくつか取って行くので、同じ姿勢を数十分キープする必要がないことも、安心感や達成感を得られたり、楽しいと思ってもらえたりするポイントになるようです。

答えは1つだけではありません。今日はこれ、明日はこれ、という感覚で興味のあるものにまずはトライしてみましょう。

ヨガとはするものでなく、生きること

ヨガと出会った瞬間、自分だけのヨガの世界が始まっている

先ほどより、歴史や他のジャンル等との違いを明確にするため、敢えてヨガはポーズを取るという前提でお話を進めていますが、1点お伝えしないといけないことがあります。

ヨガは「必ず呼吸法を行い、ポーズを取らなくてはいけない」ものではありません。ヨガには代表的な7つの種類がありますが、その中にはポーズを必要としないものもあります。例えば、日本で言えば神道の祝詞に当たる、マントラを唱えるヨガがあります。これは、マントラを唱えることで精神集中を促したり、神との絆を深めたりするためのものです。また、哲学的思想を論じ合うヨガがあれば、瞑想をひたすら行うヨガもあります。ユニークなところでは、ダンスによって体のエネルギーを解放し、

他者と共鳴することで自我を超えていく体験をする手法もあります。

そして、何よりヨガはするものではなく、生きるもの、という教えが私は好きです。人はどんなきっかけでヨガと出会うかわかりません。たまたま友達に誘われた、家の近くにスタジオがあった、好きなモデルがやっていた、インドが好きだった――本当に人それぞれです。

私たちがヨガに出会ったということは、ヨガに生きる、言い換えるとヨガの思想やメソッドを、日常に取り入れていくタイミングが来たということです。ただ、恐らく悟りにたどり着くことを一番の目的にヨガをする人は、今の日本には多くはないでしょう。

そのため、ヨガに生きる目的は、出会ったきっかけ同様、人それぞれで良いのです。ストレス解消のため、アンチエイジングのため、直感や集中力をアップさせるため――でも、どんな目的であっても、「人生をより良いものにする」「今の自分を肯定し、他者との良い関係を築く」ということが共通の目的になってくるはずです。

どんな形であれ、インド人のようにヨガを続けることで、新しい気づきと豊かな出会いに満ち溢れる日々があなたを待っています。

［コラム］

カレー以外のインドの食べ物

他にもおすすめ、あります！

インドを訪れたことのない方からすると、衛生面と食が最も心配な点ではないでしょうか？「インドにはカレーしかないの？」「デザートは？」という質問もたくさんいただきます。

もちろん、カレーを食べないインド人には会ったことはないですが、インド人も他のものが食べたい時もあるようです。その時は、ラーメンやベジタブルスープ、やきそばやチャーハン—正式にはビリヤニと言います—を食べています。

中でも、ネパールの食事でもあるモモという餃子や水炊きはいくらでも食べられるくらいの美味しさです。都会にはファーストフード店も多々進出しています。マクドナルドのマハラジャバーガーは恐らくインドにしかないと思うので、王様気分でぜひご賞味ください。

デザートの種類もとても豊富です。イギリスの文化の影響でしょうか、お菓子屋さんに行くと、ケーキはとにかくたくさんショーケースに並んでいます。中には、日本では絶対に見ないような水色のものも見かけます。

他にもマフィンやクッキー、インドオリジナルのお菓子もあります。カレーが辛いから、お酒を飲まない人の楽しみのために、色々な理由があるようですが、インドオリジナルのお菓子、とりわけ『グラブジャムン』は世界一の甘さを誇ると言われます。一言で言うと、砂糖入りのドーナツのシロップ漬けです。私はこのお菓子を丸々１つ食べられた日本人を見たことがありません。

甘いものが好きな人は、ぜひチャレンジしてみてください！

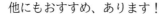

［コラム］

インド人と信仰される神さま

インドと日本の共通点は神様にも！

インドはブッダが悟りを開いた場所でもありますが、実は現在、ヒンドゥー教徒が大多数の80%を占めています。

ヒンドゥー教の神様は七福神を始め、色々な形で日本に入ってきています。姿を変えて目の前に現れたり、山や川に神様を見たりするのは、日本の八百万の神という感覚と近いのかもしれませんね。

続いてイスラム教、キリスト教、シク教の順番で、仏教徒の人数は5番目となり、人口の1%以下となっています。地域によっても、各宗教を信仰する方々が集まる場所が異なっていることもあります。

マザーテレサで有名なマザーハウスがあるインド第2の都市コルカタやイギリス領だった時の影響が強い南インドには、キリスト教の方々が生活をしていたり、インドの仏跡を回っていると、日本人をはじめ、世界各国の熱心な仏教徒の方と出会ったりします。私も経典を持って旅をする薬師寺の方々におにぎりをいただいた体験は、まだ記憶に新しいです。

なお、インド人と言えばターバン、というイメージを持っている人も多いと思いますが、このおしゃれに色とりどりのターバンを巻いている人は、主にシク教の信者です。パキスタンとの国境近くのアムリトサルにある総本山、黄金の寺院が彼らのもう1つの象徴です。

本文でも触れたように、地域や家族で同じ宗教を信仰しなくてはいけない、というルールがないため、ヒンドゥー教を信仰している人でも、のべ約360万人の神様の中から、それぞれ自分の好きな神様を信仰しています。そして、各神様たちのためのお祭りが、ほぼ毎日インドの各地で開催されています。インドでたくさんのお祭りが開かれているのは、過酷な地で今日を終えることへの感謝と明日も平和に迎えたいという祈り、さらに人々の団結を促すと同時に様々なストレスが発散できる場所としての目的があるそうです。

このようなお祭りの考え方も、私たち日本人と近いところがあると思えてきませんか？

第4章　明日、人に話したくなるインドのことわざ

オウムのように話し、白鳥のように瞑想し、ヤギのように口を動かし、象のようにシャワーをあびる

インド人が大事にするオリジナリティと自主性

インドの人は小さい頃、しばしば、このことわざを大人から言われるそうです。「誰かの真似をするのではなく、自分で考えて動き、努力をすることが大切」という意味が込められています。

最初、ボクシング界のモハメド・アリ選手の「蝶のように舞い、ハチのように刺す」に似た言葉かと思ったのですが、そうではなく、物心ついた頃から自分の価値観や意

見を求められる、インドならではの教えでした。

学ぶという言葉は、「真似ぶ」から来ているという説もあるように、私たち人間は色々なものを見て、やってみて、行動を身につけていきます。しかし、いつまでも他の人の後を追い、人に引かれたレールの上を歩くのはナンセンスです。日本でもそのような風潮は出てきていますが、インドではできる限り早い段階で、自分なりに考え発言できること、そして、それに責任を持つことが重要とされています。

小さな頃から大家族の中で育ち、必然的に他者とも助け合うことを求められる環境というと、昔の日本とも近い部分があるかもしれませんが、日本では空気を読む、という対応の仕方を求められることがどちらかというと多いでしょう。ただ、子どもであっても1人の人間、人は価値観が違って当たり前、というインドでは、言葉や行動で意思表示をすることが求められます。

また、時々インドの人が「日本人は自分で事業をやっている、やろうとする人が少ない」と残念がることがあります。彼らの国では、工夫と頑張り次第でカーストに関わらず、一財産を築くことができる環境もあるため、努力をする子供たちもとても多く、これはまさにインドならではのことわざでしょう。

町を歩いていると、意外なものが商売になっているケースがあります。最近では、女性の店主も増えてきています。

フルーツジュースやお菓子屋さんはまだ想像ができますが、チャイ(インドのミルクティ)やラッシーのみを提供するスタンド、朝食だけに力を入れて提供するお店、生肉の調理を代わりにしてくれるお店などです。

言い換えると、人の真似をしていては、成長も成功もない、という意味にも取れます。

手足や臓器が一つの体を作っているように、全ての道徳的な生き物は存在するためには、互いに頼らなければいけない

答えはすべて、私たちの体が知っている

「天にあるがごとく地にもある」——この言葉は、インドでも盛んな占星術に関連したものの1つです。星空が作り出す世界は、現実世界にも反映されているという意味ですが、インドを始め東洋では、人間もまた宇宙の縮図であるという考えが古代から浸透していたようです。

つまりは、宇宙を観れば現実世界のことが分かるし、私たちの体に五感を傾ければ、道理の1つが見つかると言えるでしょう。

当たり前のことですが、私たちの体はいくつもの臓器や神経、筋肉や骨、各部位のパーツが集まって構成されています。進化の過程でこのようになったという説もあれば、宗教によっては、神に似せて作った形をヒトという場合もあります。

どちらにしても、人の体のつくりには意味があるということです。何か1つでも欠けると機能しない、機能させづらい部分があるように、人間社会ひいては、動植物も含めた自然社会はお互いに助け合って存在するのが摂理であるという考え方が、このことわざに込められています。

私が出会ったインド人は、動物にも真剣に接します。野生の犬にエサをあげる場合、体が小さかったり、弱弱しかったりする方にたくさん渡します。大きく威勢の良い犬がそれを奪おうとすると、大の大人が複数で阻止するのです。理由を尋ねると当たり前のように答えます。「小さいものや弱いものは助けないといけない。ここで出会ったのも意味があるし、正しいと思うからそうするんだ。」

もちろん、インド人らしく最後には「どんなに小さなことでも、ありがとうと言われることをすると絶対返ってくる！　それがこの世の法則だから。動物はありがとうとは言わないけど……」とお茶目に熱く語ってくるのです。

言葉は棘にも薬にもなる

発した言葉、行動が現実をつくる

「それって、言葉は諸刃の剣ってこと?」と尋ねた理由は、インド人が友達と言い争いをしたという会話の中で、「言葉は棘にも薬にもなる」ということわざを言い合っていたからです。

日本のことわざでは、「口は災いのもと」「病は口より入り禍は口より出ず」など、悪い言葉の使い方に着目したものが多いですが、インド人は「誰とたくさん話してもいいけど、良い言葉、お互いに気持ち良い言葉を使うことが大事」という考え方を大事にしているそうです。

先ほど引用した日本のことわざは古来のものなので、今の私たちが生きる日本では、上記のインド人的な考えの方がしっくりくるのではないでしょうか？

インド人は、人と話すことが大好きな人が多いです。主張を通すための交渉、ディスカッションは当然ですが、相手への興味や自分の仮説を確かめるためのヒアリング、「せっかく隣になったから」という思いから始まる会話など、状況は様々です。

そこで、彼らが大事にしているのは、「良い言葉」を使うこと——何度かお伝えしているように、人にしたことは自分に返ってくると強く信じている価値観や、人脈ありきで日常生活やビジネスが行われているという背景もありますが、彼らは言葉が現実になると信じています。

前章にて、インドには「マントラ」という呪文があると書きましたが、言葉には世界を変える偉大な力があると言われています。それは神代の時代から続く言葉でも、私たち1人1人が発する言葉も同様だそうです。その理由も色々あるようですが、神様は世界を自由につくることができますが、その神様は私たち全員の中にも存在しているから、と聞いたことがあります。

「一度の人生なら、良いものをたくさん生み出そう。相手のことを好きかどうかは関係ない。良い言葉を使うと自分が心地よい気分になれて幸せだし、そうでないと周りも幸せにできないよ。」

人のことを深く考えていると思いきや、自分勝手にも見えたり、結局最後は周囲のことも気にかけていたりと、何とも人間らしい人たちが多いのです。

物を与えることは、物を受け取るよりも素晴らしいことだ

受け取り上手になれていますか？

「日本人は昔よりもお金の使い方が下手な人が増えた」と、数十年前の日本人旅行者を知るインド人がよく言います。最近の日本人旅行者はお土産をほとんど買わず、だからといってアジアの慣習になっている寄付をすることもなく、とにかく安く旅行をしようとするようです。当時の日本は景気も良く、インドがこんなにも暴力や詐欺などで危険な国だとメディアで報道されていなかったことも原因でしょう。

ただ、インド人は「お金を払うところをしっかり選べば良いのに」という意味だけで言っているのではなく、私たち日本人は「受け取ることも下手」だと感じているそうです。

親切で何かをしたり、ギフトをあげたりすると、「裏があるのでは？」と思われたり、物のやり取りに留まらず、アドバイスや少しの誉め言葉すらも笑って流されるか、「でも……」と言い返される、と少し寂しそうに話します。

確かに私たちの文化では、まだ心から自然に褒め合うということや、イベントや行事などの理由のない時にギフトを渡す人も多くはないかもしれません。また、謙遜を美徳とする価値観も残っているため、まずは自己卑下を行う癖が染みついていることもあるでしょう。

ただ、意識的に行っている分にはそこまで問題ではないですが、これを無意識にやっていると、自分でどんどん自己価値を下げてしまう結果につながります。その結果、受け取ることも与えることも下手な人間になってしまうのではないでしょうか。

ちなみに、インド人も色々な価値観の人がいるので、例えば、お土産やチップを渡した時に、何のためらいもなくピュアな笑顔で受け取ってくれる人もいれば、一度断ってから受け取る人もいますし、今度は自分が何かすることを条件に、しぶしぶ受け取ってくれる人もいます。最後まで拒否をする人はほぼいません。

受け取ることも、一歩前に踏み出すための勇気がいる行動です。人から、神から、自然から、色々なものをいただいてこそ、その喜びを感じつつ、まだ与えられるものの少ない自分の非力を知り、努力をすることで他の人に還元できる人間になれる、という考え方を大事にしているようです。

私たちの命には、人のための命と自分のための命があるそうです。産まれてきたからには、自分のために生きるのではなく、人のために生きることも大事と当たり前のように話す人が多いことに驚かされます。

つまり、人に与えられるというのは、インド人にとっては受け取れる勇気と素直さを身につけ、かつ人のためにも生きられるようになった努力の証なのです。

私たちもまずは、上手に受け取る、ということからやってみることが大切かもしれませんね。

素晴らしい資質の人間は花のようである。雑草の中であろうと、耳飾りについていたとしても、その心地よい香りは続いている

周囲に良い影響を与える人間とは？

インドの人も花がとても大好きです。たくさんの花々が咲いている場所も多く、ヒンドゥー教のお祭りでは、マリーゴールドを使ったお供え物を置いたり、ガンジス河に流したりしています。また、インドに到着をすると、この花を主に使ったレイを首にかけてくれます。また、小さな女の子が遊びに行くと、沙羅双樹の花を髪に差してくれることもありました。

ＳＮＳでやり取りをしていても、綺麗な花の写真をよく送ってくれることもしばしば。人の素晴らしさを褒める時にも、花に例えることが多いような気がします。外国の方全体的に言えることかもしれませんが、日本人なら照れくさくてできないことも自然にしてしまうところは思わず尊敬です。

このことわざも、素敵な人を象徴するものです。

時代や文化などによって良い資質という定義は異なるかと思いますが、人から慕われる人というのはある程度世界共通であり、その人はどんな場所に行っても周囲に良い影響を与え、活躍している声は、故郷まで届くでしょうという意味だそうです。

インドの人々は、仕事や勉強のために故郷を離れ、インド国内では首都のデリーやボリウッドで有名なムンバイを始め、一大都市であるコルカタやプネー、ＩＴが盛んなバンガロールなどに学生時代から移り住む人も数多くいます。それだけではなく、ヨーロッパやアメリカまたは日本などのいわゆる先進国を目指し、大手ＩＴ業界や宇宙事業のトップ集団に名前を連ねる人もますます増えてきました。

余談かもしれませんが、インド人は「世界で一番仕事を楽しんでいる人種」、と経済新聞の調査でも紹介されていたように、私たちが辛い、きついと思う仕事や状況でもそれを力に変えるメンタルタフネスと頭脳を持っています。そのため、一部のビジネス界では逆境に強いインド人とチームワークを優先して細やかに動ける日本人、プレゼンテーションや交渉が得意なインド人と、分かりやすい資料を作るのが得意な日本人、というのは最強のタッグだと言われることもあります。

意外に私たちは、自分が思っているよりも、周囲への影響力を持っています。インドのみなさんを見習って「ここにいることの意味と有難さ」や「今自分にできること」を考えて行動してみると、見えてくる世界が変わるかもしれません。

そのために使う言葉を変えていくことや、自身を大事に思ってくれている人を知ることが、変化を早くする秘訣です。

100の神聖なる出来事や100の神々の時代も、ヒマラヤの素晴らしさを表現するには十分ではないだろう

インドの歴史や文化に欠かせないヒマラヤ山脈

インドに生きる人々にとって、いや、ネパールやパキスタンなども含め、ヒマラヤ山脈のそばで暮らし、その恩恵を受ける約10億人にとっては、これほど偉大で大切な山はないと思います。

私もインドのダージリン、ダライ・ラマの住まいがあるダラムシャーラー、ネパールのポカラからヒマラヤを見たことがありますが、その美しさと雄大さは1日中見ていたいほどでした。

ヒマラヤ山脈は約7000万年前の白亜紀にできた、地球上では最も若い山脈と言

われますが、その大きさは日本列島がすっぽり東西に収まってしまうほどの巨大な山脈です。

私たち日本人にはあまり馴染みのない山かもしれませんが、ヒマラヤ最高峰のエベレストの名前は聞いたことがない人はいないでしょう。また、日本に梅雨が起こる理由も、ヒマラヤ山脈に生じるモンスーンの影響だとも言われています。

このヒマラヤ山脈と共に古代インダス文明は花を咲かせ、現代インドの基礎となる宗教、哲学、文化が生まれ、かつてはモンゴル帝国の襲来を防いだこともあります。ヒマラヤ山脈には、シバ神の妻パールバティーが住むと信じられ、古代から信仰されてきただけでなく、今もなお、ヒマラヤ山脈の雪解け水は母なるガンジス河に注ぎ、人々の生活に密着しているものなのです。

規模は異なるかもしれませんが、少し日本人の富士山信仰と近い印象があるように思えます。

このことわざ自体は、北インドの公用語の1つヒンディー語の元になったサンスクリット語のものになりますが、それほどの昔からヒマラヤは人々にとって不可欠なものであったということでしょう。

最近、日本では様々な自然災害が立て続けに起きていますが、そのような時だけでなく日常生活の中の短い時間でも、自然との共生、自然への畏怖を感じる時間を持ってみてはいかがでしょうか？

愛は不可能を可能にする

ロマンスは人生に欠かせないエッセンスである

インド映画を見たことがある人は少し想像ができるかもしれませんが、インド映画は基本的に恋愛要素が欠かせません。それは、インドの人々にとって、愛とりわけロマンスが、人生を充実させる重要な要素と考えられているからだと思います。

日常でも、彼らは愛について語ることが好きです。仲良くなると、家族についてはもちろん、恋愛事情も容赦なく聞かれます。そして、恋愛をしていない人がいると、いかに恋が素晴らしいものかを軽く2、3時間は語ってくれるのです。

インドでは、少しずつ変わってきてはいるそうですが、まだ約90%は親が決めたお

見合い結婚です。基本的に同じカースト同士の結婚になるため、例えば、学校で一目惚れをした女性が自分よりも高いカーストの場合、カーストがあまり関係のないＩＴ企業にでも就職しない限りは結ばれることはないそうです。それもあって、結ばれない恋というものも少なくはありません。

宗教的なものなのか、灼熱の太陽が昇る気候的なものなのかは分かりませんが、インドの方々は情熱的で、尽くすタイプが多いです。どんな形での出会いであっても、運命を感じた相手は神様からの贈り物と考え、とても大事にします。

そして、愛によって人生は数倍楽しく変わり、自分自身も魅力的になり、今までできなかったことができるくらいの強運を身にまとえると信じている人も少なくありません。

「日本人は愛を難しく考えすぎる。自然に忘れ物や喧嘩が起きてしまうことがあるように、愛も自然に発生するものだと思う。相手に受け入れてもらえるかなんて考えていたら、人生が終わっちゃうよ、自分の気持ちを伝えないと。」

私たちの文化では、はっきりと気持ちを伝えるようになってから歴史は長くはありませんが、インドの方が言うように、ポジティブな気持ちは誰も不幸にはしないと信じ、もっと発信することで、想像しなかった展開が広がっていくのかもしれません。

［コラム］
インド映画

ハリウッドに負けない「ボリウッド」を堪能しよう！

今、日本でもインド映画が大ブームになっているのを知っていますか？
インド映画は、アメリカのハリウッドに対してボリウッドと呼ばれ、南インドのムンバイで、主に撮影されています。ボリウッドの由来は、ムンバイが昔、ボンベイと呼ばれていたからという説もあります。
撮影言語の条件で正確にはボリウッドではないのですが、インド映画のブームの火付け役になった作品は、95年に公開された『ムトゥ　踊るマハラジャ』と言われています。最近では、日本でも人気を博した『バーフバリ』が有名です。

インドの映画鑑賞は独特で、絶叫上映やマサラ上映と呼ばれます。映画の場面展開に合わせて泣いたり笑ったり、みんなで歌ったり、会場が一体感に包まれるライブ感も魅力です。日本でもこの上映方法が話題になり、取り入れた映画館も一気に増えました。その結果、インド雑貨のお店などでは、サリーやアクセサリーが飛ぶように売れたそうです。

インド映画は、華やかな衣装、独特な音楽に乗せた歌と切れ味の良いダンス、分かりやすいストーリーが特徴でしょう。最初は様々な違和感に笑ってしまうのですが、一気に楽しくなり、その世界に引き込まれるのが不思議です。
その反面、『きっと、うまくいく』や『パッドマン』など、仏教的な価値観や人の幸せ、愛とは何かといった内容が描かれている作品も多いため、時代を問わず、日本人も楽しめるのではないでしょうか？

[コラム]

インド人の結婚

人口の数だけ家庭も様々…！

最近の日本では、お見合いという言葉を聞くことも少し減ってきてはいますが、インドではまだ約 90%の人がお見合いによって結婚をするそうです。田舎に行くと、男女ともに 15 歳で結婚するケースもあります。

さらに、ほとんどの場合、相手は同じカーストの中から家族が決めるので、その場合、結婚式当日まで本人たちは相手を知らないのです。そんな中、着飾った花嫁と花婿は、友人たちと町中を踊りながら会場に現れます。時には、友人たちは一晩踊り明かすこともあるとのこと。

結婚式の規模は、嫁ぐ女性の持参金にかかっています。日本では、男性の家がお嫁さんをもらう時に結納金を交わしていましたが、インドでは逆です。最低でも 30 万円、通常でも３００万、５００万円とも言われます。この金額が払えずに起こる悲劇が花嫁殺人やお婿さんの誘拐です。

ちなみに、インドを訪れると、2 人以上の奥さんを持っている人にも時々出会います。貧しさのあまり持参金が払えない場合は、裕福な男性に養ってもらい、家族が生きる道を探すのです。1 人目の奥さんが了承しているかどうかは、家庭にも寄るようですが…

ただ、大都市で働く人や、新しい分野と言われるＩＴ企業に勤める人、国際結婚の場合はそれの習慣に捉われなくても良いため、自分で結婚相手を選ぶことができます。そのために、一生懸命勉強する人もいるそうです。しかし、決められた結婚であっても、意外にも離婚率は低く、ご自宅に遊びに行くと、ご家族そろって、丁重におもてなしをしてくれます。

インド人が言うには、
「インド人は男女ともにとても愛情が深いんだよ。その愛は、約束をしなくとも永遠に続いていくと言っても嘘ではないくらいだ。元々離婚の条件が厳しいこともあるけれど、簡単には別れない。日本人もそこは見習って欲しいよ。」

インドの大家族の家庭には、古き良き日本の風景に似たものを感じることも多いです。
私たちが見習うべきものは、彼らのタフさの他にも色々とありそうですね。

第5章　今からできる！インド式ヨガメソッド14

片鼻呼吸をするだけで自律神経が整う！

自分の中のバランスを毎日確認することの重要性

私たちは普段、自分の呼吸を意識することはほとんどないでしょう。呼吸器に問題もなく、日常生活を難なく過ごしている健康な人であれば、なおさらだと思います。

ただ、健康な方であっても、呼吸というものを1日に1回は意識してみることをおすすめします。なぜなら、呼吸は神経やホルモンに支配されがちな私たちが、唯一と言って良い程、自律神経をコントロールできる数少ないポイントなのです。不安や緊張、このような感情は心身共にすぐに影響を与えます。そのため、普段から自分の通常の呼吸を知り、整える練習をしておくと良いでしょう。

ちなみに、地域によって気候の変動の激しいインドでは、熱さや寒さによって呼吸がしづらくなるということがあります。そのため、彼らは自然に呼吸ができていることに毎朝、毎晩感謝をします。

もちろん、ヨガのポーズの実践を通して自律神経に働きかけることはできますが、呼吸の意識だけでも可能です。そのために最適な呼吸法が『ナーディ・ショーダナ』という片鼻呼吸です。簡単にお伝えすると、名前の通り片方の鼻から息を吸って、もう片方の鼻から吐くものですが、左右の鼻から意識的に酸素、ヨガの世界では生命の根源であるエネルギーという意味のプラーナを取り込むことで、左右の脳がバランス良く調整されると言われます。また、頭をすっきりさせるだけでなく、心が静かになったり、血行促進により、顔色も明るくなったりします。

実際、生活に取り入れているアスリートもいるくらい、効果的な呼吸法です。

これは、鼻を押さえる手の形を覚えることが、慣れるまで難しいかもしれません。オーソドックスな方法は、右手の人差し指と中指を手のひらの方に折り曲げ、親指で右の鼻翼（鼻の左右のふっくらとしたところ）、薬指で左の鼻翼を交互に押さえるイメージです。より脳に刺激を与えたい場合は、ピースを作るように人差し指と中指を立てて眉間に当て、親指で薬指を押さえます。

具体的な方法も見ていきます。まず、親指で右の鼻翼を押さえたら、左の鼻から一度大きく息を吐きます。吐ききったら、ゆっくり息を吸いましょう。息を吸ったら、薬指で左の鼻翼を押さえて、右の鼻からなるべく長めに息を吐いていきます。そして、先程と同じように息を吸い、反対の鼻から、再度吐き出していく、このような流れで行います。

吸う、吐くという1回の呼吸にそれぞれ4秒はかけながら、最初は、両方の鼻で合計20回くらいを目安に行ってみましょう。慣れてきたら、気持ちや頭がすっきりしたな、と感じる回数で大丈夫です。

PRĀNĀYĀMA

実は、インドのヨガの理論においては、「呼吸（プラーナヤーマ）はポーズ（アーサナ）よりも難しいもの」とされています。そのため、初めはうまくできていないように感じても落ち込まないでください。呼吸を見つめて、自分の状態を客観的に知り、調整を行うことで、少しでも気分転換や体の痛みが軽減できていたら充分です。

体を動かすことは、心身のリフレッシュのためにとても効果的です。しかし、場所や状況的に体を動かすことが難しい時は、呼吸だけでも脳や身体、気持ちにアクセスをすることができるので、自分にあったものを1、2個知っておくと便利です。

私たちの体調は1日として同じ日はないと言われます。そのため、毎日短い時間でも呼吸を活用し、自分の中心を感じることで自身を整え、その時の最善の状態で生活に臨めることが理想とされます。

体の動きに意識を向けると、自分への感謝が見えてくる

まずは自分自身に感謝することがヨガライフのはじまり

前項の呼吸同様、私たちが日頃体型を気にすることはあっても、筋肉や関節の動きを気に掛けることというのは、どのくらいあるのでしょうか?

健康な人であれば、運動をした時や階段の昇り降りなどで疲労を感じた時といったシチュエーションに留まってしまうかもしれません。また、大きな筋肉や関節は比較的意識しやすい部分ですが、体の奥の骨に近い筋肉や小さい関節に至っては、どのように動いているかを知っている人も多くありません。

もちろん、いきなり全ての筋肉、関節を勉強する必要はないのです。

自分が酷使しがちな部分を意識して動かしてみたり、お風呂や寝る前などに軽くストレッチをしたりするだけでかまいません。心を向けて感謝をすることで、体は私た

ちが思っている以上のパフォーマンスを発揮してくれるのです。それはやがて、日々頑張っている自分自身の存在自体への感謝や慈しみにもつながります。

それがすでに、インド式ヨガの1つのゴールです。今の自分を受容できるようになることで、自己の成長がスムーズになり、また、他人や自然環境、過去や未来の問題に対峙できるようになると言われます。

そして、インド人もしばしば「できることをやるしかない！それはネガティブな意味ではなく、体も魂も1つしかないし、最大限に自分を役立てるには、自分や自分の状況をしっかり知ることが大事なんだ」と言います。

誰しも一度は感じたことがあると思いますが、体の変化は心よりも早く起きる場合があります。風邪をこじらせた時、そういえば最近無理をしていたということや、捻挫や骨折をした時に生き急いでいた自分に気づいた、と言った話もよく聞きます。

ヨガのポーズをすることは、ヨガのスタートでもゴールでもありません。

ヨガはあくまで自分を知り、よりよく生きるためのツールなのです。自分や周囲に少しでも感謝ができるようになれば、それはヨガに「生き始めた」十分な証拠です。

大きな関節と筋肉を動かすと、気持ちが切り替わることに気づく

行き詰まったら、体の中に酸素と刺激を供給する

毎日、同じような生活を送っていると、気持ち面での安心安全は満たされるかもしれません。でも、どこかで退屈だったり、このままで良いのかな、という気持ちを抱いたりする人もいるでしょう。準備するものも特にいらないため、ヨガのレッスンには、そのような心の動きをキャッチしたことがきっかけで通い始める人も多いです。

気持ちだけを変えようと頑張っても、壁にぶつかってしまうことは少なくないですが、行動や体の動かし方を変えてみると、意外にすんなりと心の在り方に変化が訪れることがあります。

いつもと違う道を使ってみたり、行ったことのない場所でランチをしてみたりした時に、ふと今まで見えてきた景色が変わったのを感じたことはありませんか？

ちなみに、インドの人たちもこのような選択をすることが多いです。友人の経営者の1人が、先日日本人に熱く語っていました。

「やっぱりこのお店は美味しくて安心する。でも、失敗するかもしれないけど、冒険はいつもしないとね！　仕事も同じで、うまくいかないかもしれないけど、新しいことをやってみないと新しい世界にも行けないし、新しい出会いもない。それはもったいない人生だ。」

私たちの心の働きは複雑ですが、体を上手に動かしてあげると、解決の糸口が見えることもたくさんあります。

また、行動の選択を変えることで新しい刺激を与えるだけではなく、体を動かしたり、使い方を少し変えてみたりするだけでも、体は脳にその変化を伝え、心にも気づきを提供してくれるのです。そのために、ヨガのレッスンを毎日60分やる必要はないのです。

1時間に1回、難しければ気が向いた時だけや体のこわばりを感じた時だけでも、肩を大きく回したり、伸びや前屈をしたりしてみましょう。体中に酸素や血液が流れていくのを感じられるはずです。他にも、眠気が覚めたり、呼吸が深くなったり、新しいアイディアが浮かんできたりすることもあるかもしれません。

これだけでも習慣にすると、今の自分の体や心の変化に敏感になるだけでなく、客観的に見つめることができるので、気持ちが安定しやすくなるメリットもあります。自分の取り扱いに少しでも詳しくなれるというのは、良いことばかりなのです。

余談ですが、インド人がディスカッションを好むのは、同意や共感を得たいというよりは、口や頭の体操を兼ねて自分の状況を分析することで、心の調和を図ろうとしているのもあるのかもしれません。

背骨を4方向に動かすと、体の中の叫びが聞こえてくる

たったこれだけで、自分の体と仲良くなれる

みなさんは、自分の体の骨や筋肉にどのくらい関心があるでしょう？　疲れやすさを感じた時、ケガをした時などに、学生時代の体と比べてしまうことはあっても、通常の生活においては、先ほどの呼吸同様、「この瞬間、どの骨と筋肉が働いているか」といったことを意識して生活されている人は、あまりいないと思います。

突然ですが、私たち人間は脊椎動物です。そして、首からお尻まで続く長い背骨と背中周りの筋肉があるからこそ、たくさんの動きを取ることができます。

当たり前のことではあるのですが、猫背や反り腰に悩む人も常にはそれを気にしていないように、背骨の形や動きを意識することはほぼないでしょう。むしろ、立ち仕

事や座り仕事で疲れた時など、背骨や骨盤を自然に動かしていることにも気づいていないかもしれません。

無意識に私たちが背伸びや前屈をするように、背骨は最も簡単に私たちの体をリフレッシュさせてくれる鍵を握っています。

私たちの背骨は大きく分けて、4つの方向に動かすことができます。体を上に引っ張ったり、反らしたりする「伸展」、体を前に折り曲げる「前屈」、そして、体を左右に捻じる「回旋」、最後は体の脇を伸ばす「側屈」です。特に、回旋や側屈という動きは人間があまりしない動きでもあるため、積極的に行うことをお勧めします。

インド式ヨガは、修行のためのツールであるため、元々このようなメソッドはありませんでした。古代の人々は動物の動きなどからヒントを得て、自ら研究を行い、取り組んでいたのです。ただ、解剖学等の医療や科学が進化すると、ヨガの動きは理論的にも実践的にも人間の心身を整えることに適していたことが証明されたのです。

その後、今までの伝統的ヨガに、さらに近代の研究結果が応用されたヨガが世界中に広まっていきました。このヨガを、流派によってはモダンヨガと呼ぶこともあります。元々アーユルヴェーダ医学が発達していたインドでは、今はもちろん、人体についての知識も元にヨガのレッスンが行われています。

実際に背中周りだけでもしっかり動かしてみると、体のどの部分にどれくらい負担がかかっていたかを実感することができます。人によっては、自分の体の癖も発見できるでしょう。

また、少し動かしただけで、体中に新しい酸素や血液がめぐり、頭が冴えていくのも感じられるはずです。

昨今やっている会社や団体は減ってしまったようですが、実はラジオ体操は、背中を使う動作が多いだけでなく、体をまんべんなく大きく動かすため、とても人間の体の理に適っているのです。ぜひ、少し動きについて考えながら、改めてラジオ体操もしてみてはいかがでしょうか?

表情筋を柔軟にする、顔ヨガとラフターヨガ

最も変化の起こりやすい、顔の筋肉の秘密

特に人と会うことが多かった日、顔の疲れをふと感じることはありませんか？

1日に数十回笑顔を作りすぎた結果、頬周りが痛くなったり、話しすぎた時は口周りがぐったりしている感覚があったりするかもしれません。

それもそのはずです。私たちの顔も、約60個の立派な筋肉でできているのです。しかし、体の筋肉と大きく異なるのは、顔の筋肉いわゆる表情筋は、頭蓋骨に1枚の皮のようについていているため、とても薄い筋肉です。そのため、良くも悪くも変化は速いのです。

太ももやお尻などの体の大きな筋肉を鍛えようとすると、結果が出るまでに数週間の時間が必要ですが、顔の筋肉は1日5分程動かすだけで、早い人では3日で成果が

表れます。

最近、企業のヨガレッスンでは、顔ヨガのニーズがとても増えています。ただでさえ、日本語は他の言語に比べて表情筋を使う割合が少ないうえに、顔を合わせるよりも、メールやシステム上でのやり取りが多い会社もあるのでしょう。あえて顔を動かす時間をつくる必要があるのです。

また、接客やサービス業の会社だけではなく、社内でもコミュニケーションを活発にしたいと考えている会社は、表情のトレーニングをすることで、社内の人間関係の質の向上や、表情の変貌によって生まれる、人それぞれのキャラクター、さらには人生の良い変化に期待をしています。

顔ヨガのやり方を文章でお伝えすることは難しいですが、基本的には働きかける筋肉を意識して動かす、無理をしない、というのは通常のヨガと同じルールです。

簡単に例をご説明すると、息を吐きながら顔のパーツを中心に集めた後、今度は外側に向かって顔全体を伸ばしていく、これを毎朝5回程度やると、1日が血行の良い表情で迎えられます。

ところで、南インドではラフターヨガというものも生まれました。やり方は先生次第ですが、とにかく大きな声を出して笑うヨガです。

日本でも最近、公園などで取り組んでいる団体も増えてきましたが、私たちの脳は、「笑っている」＝「幸せ」という認識をしています。つまり、楽しいことや嬉しいことがあったから笑っていても、良いことがなく無理やり笑おうとしていても、同じ感情と現実を作り出すのです。それならば、笑うことで幸せな気持ちになって、素敵なことを引き寄せよう、という理論の元に実践されています。

確かに、インドの人たちから「困った時に困っていても仕方がない。みんなが困ってしまうだけだから、まず笑うしかない！」と励まされることもありました。

どちらにしても、表情が変わると不思議と気持ちにも変化があるものです。ヨガのレッスンの中でも、「難しいポーズに出会っても、できる限り少しにこやかな表情でいてください」とアナウンスをします。それによって、幸せファクターを呼び寄せ、身体機能だけでなく人としての可能性を広げる効果もあるのかもしれませんね。

心を込めて相手の名前を呼ぶ開運ヨガ

今日から使える！ 一番簡単なヨガの教え

言霊という言葉を聞いたことがあるでしょうか？

古代から日本には数霊や音霊と同様、言霊という概念があります。言葉には魂が宿り、人から発声された言葉が現実化する、といったものです。

もちろん、インドをはじめ、このような考え方や祈りの言葉は世界各国にあるでしょう。しかし、名前に深い意味や願いを込めている国は、日本とインド以外にはあまりないのではないでしょうか？

ヨガのレッスンでは、先生も参加者の方も基本的に名前で呼びます。

それは、ヨガとは「つなぐ」という意味で、この瞬間につながれた私たちの出会いには全て理由があり、さらに私たちの持つ名前には力があると信じられているからです。人が生まれてから最初に与えられるものは名前であり、一生涯使う宝物なのです。そして、その意味と願いが込められた名前は、呼ばれれば呼ばれるほど運が開けていくと言われています。また、ヨガのポーズも、基本的にサンスクリット語で呼びます。その理由も名前と同様で、ポーズに宿る効果やパワーを最大限に発揮するためであり、私たちと聖なる力、心と体を「つなぐ」目的があります。

実際、私たちは仲良くなりたいと感じた人に対しては親しみを込めて、名前で呼びかけますが、距離感のある人、好意を持っていない人を名前で呼ぶことはあまりないでしょう。

日本でもインドでもニックネームを使う場合は少なくありませんが、名前から派生したものも多くあるかと思います。

最初から相手の幸せを願って名前を呼ぶのは至難の業ですが、まず、音の響きを感じたり、日ごろの感謝を込めて呼びかけたりするだけでも、心の距離を縮める効果があるだけでなく、思いやりを投げかけることにつながります。人に与えたものは返ってくる、というのもインドやヨガの考え方の1つであるため、みなさんにもプレゼントした開運効果が戻ってくるはずです。

もし、自分の名前がなかなか好きになれない、という方がいたら、名前に込められた思いを聞いてみてください。改めてその時の出来事や自分の知らなかったエピソードを聞くと、少し愛着が湧くかもしれません。

ちなみに、インド人は仲良くなると、サンスクリット語に由来を持つ、ヒンディー語での名前を贈ってくれます。もし、インドに行く機会や、インドの方と触れ合うことがあればお願いしてみるのも良いでしょう。

モンキーマインド解消瞑想で疲労しない脳をつくる

自動思考をコントロールできると生産性がアップする！

企業でも取り入れられているマインドフルネスの影響で、モンキーマインドという言葉を聞いたことがある人もいると思います。

サルが頭の中でキャッキャ騒いでいるように、色々な思考に常に支配されている状態を言います。これが脳を疲労させる原因でもあると言われています。

そこで、脳を休ませるために瞑想やマインドフルネス、月に1度何もしないレイジー・デーを作るといった試みが様々なところで実施されるようになりました。

マインドフルネスでは、考えを思い切って捨てる、第3者の視点に立って考える、

なぜそこまでこだわっているのかを見出す、など色々な手法が取り上げられています。ヨガの世界でももちろん、たくさんのやり方があります。

1つは、深くゆったりとした呼吸に意識を預け、思い浮かぶ思考をとにかく見つめて流していく、呼吸と共に頭の外または自分の世界の外に押し出していく、といったやり方があります。もちろん、寝転がって行っても大丈夫です。

ただ、じっとしていると落ち着かない、という人も一定数います。そのような方は、思考がよぎりそうな時に、ヨガのポーズや動的ストレッチをしましょう。動いている間は自分の体に集中し、動きをキープしたり、解放したりする時の吐く呼吸の時に、心の動きや気になってしまった考えを浮上させてみてください。ふと、「何でこんなに気になっていたのだろう」「この優先順位でやれば簡単だ」「これは来月でもいい内容だ」といったように、気づきを得る瞬間や執着が少し離れていく感覚を味わえます。

中々ヨガやストレッチができない時は、部屋の中や外を歩きながら、やってみるのも良いでしょう。

インドにはマインドフルネスという考えは広まってはいないようですが、ヨガの考えや手法を使って、見事な気持ちの切り替えを行っています。考え込んでいる時間がもったいないという文化、価値観もあるのかもしれませんが、メリハリを大事してぃるせいか、物事の決断は早く、基本的にはポジティブです。そして、彼らは働くことで頭の整理を行っているところもあるためか、動くことや働くことを好みます。

なお、この頭をフル回転させる状態を作り出している脳の機能、デフォルト・モード・ネットワーク（ＤＭＮ）は、私たちの活動になくてはならないものでもあるのです。過去・現在・未来を統合させ、色々な物事の判断材料にしてくれているだけでなく、無意識のうちに五感を使って情報収集を行っているので、私たち人間は危機を感知したり、たくさんのアイディアを出したりすることができるのです。

そのため、いつもいろんな考えが出てきてしまうのは仕方がないと割り切って、より脳のたくさんの機能を活用するためにも、1日のうち、5分でも10分でも頭を休める時間を作ってあげましょう。普段、自分の脳をサポートしてあげられるのは、みなさん自身だけなのです。

肩回りを柔軟にするアニマルヨガで、本能を呼び起こす

ヨガのはじまりは、動物からヒントをもらっていた!

ヨガのレッスンを何度か受けたことがある方は気づいているかもしれませんが、ヨガのポーズには、動物の名前がついたものが多くあります。

その理由は、元々ヨガのアーサナと呼ばれるポーズは神様や動物にヒントを得て、作られていったからです。古代インド人は、動物の強靭な手足と柔軟な体に近づくことは健康に繋がる、と考えていたのかもしれませんね。

キッズヨガになるともっと変化は顕著ですが、実際にレッスンの中でも動物のポーズを多めに取ると、エネルギッシュになる人が出てきます。

猫や犬をはじめ、ウサギ、虎、牛、ラクダといった動物は基本的に4足歩行で活動をするため、よつんばいになったり、体全体を使ったりするポーズが多いということもありますが、とりわけ肩回りに負荷がかかり、ストレッチ効果も期待できるものが多々あります。

ちなみに、コブラやバッタ、ワニやイルカなど、4足でない動物はさらに体全体の筋力が必要なことは、想像に難くないでしょう。

また、解剖学的にも体が前のめりになることや肩回りがほぐれる、ということは、日々重い荷物を持ったり、スマホ作業やデスクワークから離れられなかったりする現代人にとっては、とても素晴らしい効果があります。

肩回りがほぐれることで、背中や首の筋肉も多少柔らかくなります。その結果、頭から体まで酸素や血流が行き渡るため、頭は冴え、体は動かしやすくなり、気持ちもポジティブになるでしょう。

動物のポーズを中心に行うレッスンでは、インド人の得意なイメージ瞑想の手法の1つを取り入れているのですが、自然とその動物の体躯や動きをイメージしながら行うので、その動物に宿る魂やイメージが宿り、体の仕組み以上のパワーが出て、自他ともに「覇気が出る」という印象に繋がるのかもしれません。

ヨガが人間の可能性をより広げていくためのツールの1つ、と言われる所以ですね。

ストーリーヨガで若々しい股関節を手に入れる

ヨガのポーズに宿る神様のパワー

ヨガのレッスンには、色々な組み立て方法があります。初心者向けのもの、骨盤などの一部に特化したもの、リラックスを目的としたもの、どのような角度からでもカスタマイズできることがヨガの良さでもあります。なぜなら、ヨガには人それぞれの答えがあるのが当然であり、そもそも多様性の国、インドで生まれ熟成してきたものなのです。

そこで先生によっては、受ける人が楽しめるように、レッスンにストーリー性を持たせる人もいます。先ほどのアニマルヨガで動物の力を借りるように、イメージと神様のパワーを活用するのです。

ヨガの経典にはたくさんの神様が登場するだけでなく、ヨガのポーズでも神様の名前がついたものが少なくありません。

例えば、両足を縦に180度に開くハヌマーンは、孫悟空のモデルにもなったサルの王様です。また、片手で片足を持ち、もう一方の足を上げるナタラジャは、踊るシヴァ神のポーズとも呼ばれます。なお、神様や戦士といった動物ではない姿を現す場合、体幹と脚でバランスを取るポーズが多いため、お腹周りや股関節周りの強化が期待できます。

人間は股関節から年を取ると言われるので、ぜひ早いうちから鍛えておきたい部分ですよね。

ある月の夜に、このハヌマーンとシヴァが出会ったところからスタートし、様々な出会いを経て、悟りを開く、というレッスンを行った先生の授業は中々ユニークでした。まさに、レッスンの終わり頃には、自分以外のエネルギーも合わさって全身に満ちている、そのような気分が味わえました。

ヨガを実践する中で、頭を空っぽにできる人はしてみても良いし、自分の体と対話したい人はそれも正解、イメージの世界にたゆたうヨガを楽しみたい時は、もちろんそれも正しいのです。

時間がある時は、自分オリジナルのヨガの世界を楽しんでみるのも良いでしょう。

心と体の緊張を体感できる基本のヨガポーズ

大事な要素はすべて基礎に込められている

私たちがフィットネスやヨガスタジオで体験するヨガレッスンのほとんどは、インドからアメリカを経由して、日本に入ってきた内容になります。そのため、美容や運動能力をアップする目的の元に構成されているため、初心者向けの内容であっても比較的ハードに動くものも少なくありません。

流派にもよるのでしょうが、インドのレッスンに参加して驚いたのは、マリーゴールドとお香をまとった神々の像を前に、静かにじっくり行われるものが多いことでした。目の前には鏡はもちろんありません。視線の先にあるのは、神々の肖像とインストラクションを行う先生のみです。まさに、自分自身と向き合う聖なる空間はそこに広がっています。

インストラクターの声は穏やかで、着ているものもゆったりしています。ポーズの誘導はありますが、呼吸に意識を向けること以外は制約はなく、自らの体が求めている強度で取り組みます。立ったり、座ったり、また動き続けたりということはあまりなく、できる限り地面に近い姿勢で、心と体の声に耳を掛けながら、1つ1つの動きを丁寧に取って行きます。

4つの背骨の動きに加え、よつんばいのポーズのバリエーションや、両手足で体を支えるプランク、股関節や足首周りを柔らかくするものなどを重点的に行います。

忘れがちになってしまうのですが、確かに元々、伝統的なハタヨガは子供からシニアまで、自分のために一生涯できるものであるため、無理に激しく動く必要もなければ、人と同じである必要もないのです。昨日できなかった動きに成長が見られる、自分の心身が今日は一段と明瞭に捉えられている、それができていれば1つヨガのステップはクリアです。

何をするにも人の目が気になってしまいがちな、現代の日本に生きる私たちです。ヨガの原点に立ち戻って、まずは1日5分でも自分と向き合い、自分を感じるヨガの時間を持つことから始めてみませんか？

良いところを30個以上書き出す―スヴァディアーヤの成果で願いを叶える

最後、辛くなってきたところに本当の答えがある

ヨガには実践に入る前に、ヤマとニヤマという教えを受けます。これらが日常生活でできなければ、それ以上の呼吸やポーズを練習する段階に立っていないと言われるくらい、基本的な約束事です。

ヤマは日々の生活の中でやってはいけないこと5つ、ニヤマはやるべきこと5つから構成されています。

その中で、私たち日本人が比較的取り組み易いものは、ニヤマの1つであるスヴァディアーヤではないかと思います。一言で言うと、自分の心を善い方向に導いてくれる本を読むことです。必ずしも聖典や名著だけではなく、今の自分が必要とする内容やヒントが書かれていれば良いようです。
さらに、本を読んで終了ではなく、本から得た知識を実生活に生かすことで知識を智恵に昇華させ、成長につなげることまでが求められています。

かつてインストラクター養成講座の中で先生のお話を聞き、いくつかの課題図書を読み終えた後、約5分間で自分の良いところを30個書き出すという作業を行う機会がありました。そして、仲間に対しても同様のことを行うのです。インプットだけで終わらせてしまうのは最ももったいないことですが、自己認識や自己肯定をすること、そして、自身を高めるだけがヨガではありません。周りの人の良さを理解し、それを尊重できるようになることもヨガの考え方です。

実際、このワーク―人によってはタパス（苦行）―は、他の国の方に比べ、日本人はあまり得意ではなく、さらに日本人の中でも得意・不得意が分かれるようです。
これをお互いにチェックするのですが、ただ、共通して言えることには、最初に書かれていた項目よりも、後半に絞り出した内容の方が細かく説得力があるものになっているのです。
「いつも笑顔」「スタイルがいい」といったものから、時間もなく思いつかない状況になっているにも関わらず、なぜか「○○さんの最後のシャバーサナの声が安心できる」「難しいポーズをしている時の笑顔に励まされる」といった褒め言葉に変化していきます。

すると、その場の空気やレッスンの雰囲気がポジティブになり、仲間に認められたポイントを心の支えに、より前向きにヨガの探求を深めていけるのです。

興味を持つもの、受け止められる物事が多くなると、視野の広がりや心の強化が自然と起こり、自己の成長の幅が広がります。その結果、成し遂げることのできる範囲も増える、というヨガの考え方とメリットの一例と言えるでしょう。

メッタ＝慈悲の瞑想法で、自分にも人にも優しくなれる

ヨガのスタートは、自分を認め、幸せを本気で願うこと

この瞑想法は、どちらかというとマインドフルネスで有名になったものです。ヨガのレッスンでは、最初と最後に平和を意味する「シャンティ」という言葉を3回ゆっくりと唱えます。メッタの3段階の瞑想はこれにあたります。

そもそもメッタとは、スリランカやインドの西の方で使われていたパーリ語の言葉で、慈悲という意味です。英語では「愛」と広く訳されています。哲学的な言い方をするならば、自己や他者の境界を超えた「アガペー」に近いかもしれません。

この慈悲の瞑想法、やり方に大きな決まりはないのです。ヨガのポーズをいくつか

取った後でも良いですし、朝起きた時、寝る前などでも良いでしょう。人によっては、気持ちが高ぶった時、会社のトイレや電車の中で取り組んでいる、という人も少なくありません。

まず、心と呼吸を落ち着けて、自分に対してのネガティブな感情をポジティブな言葉で癒し、健康や安全、幸せを願っていきます。その後に、自分の周囲の人を思い浮かべ、幸せを祈ります。最初から大勢の人を対象にしなくてかまいません。身近な家族だけでも良いですし、特に辛い状況にある友人に絞っても良いのです。最後に、生きとし生けるものへの平和と幸福の願いを捧げるのです。

言葉にすると簡単に聞こえますが、嫌味な上司や苦手な友人の幸せなんて願えない、と思う人も多いでしょう。もちろん、私も最初はそうでした。

ただ、現実とは不思議なもので、実際に目の前にその人がいなくても、心の中でその人の良い部分を探してみたり、言葉のみでもその人の笑顔や幸せを想像していたりすると、次第に相手の態度がどんどん変わっていく場合があるのです。

過去と他人は変えられない、変えられるのは未来と自分、とカナダの精神科医は言っていますが、まさに「今の自分」を少しシフトさせてみると、現実が動き始めます。なぜなら、インドやヨガの考え方では、自分も他人も宇宙の一部であり、この世は確固たる世界ではなく、1つの幻なのです。今を精一杯生きることが自己を変え、自己が変わることによって、自己を含む世界が変化していきます。

ヨガを通じて、取り巻く世界の変化を感じてみるのはいかがでしょうか?

後屈ヨガポーズでみるみる自信が湧いてくる！

人間の可能性の広がりを実感するダイナミックな動きとは？

時々ふと、子どもたちが駄々をこねたり、動物が気持ち良さそうに背を反らせていたりする姿を見ることがありませんか？

この動き、実は私たち大人は意外と忘れがちになっています。朝起きた時や集中作業に疲れた時に背伸びをすることは無意識にあるかもしれませんが、時間に追われていることが多いせいか、最近の働く人を見ていると、以前よりもその頻度は減っているように感じます。

そして、背伸びよりもさらに私たちの体に刺激を与えてくれる動きがあるのです。それが、「後屈」と言われる、ヨガのポーズの中でも体への負担も大きく、かなり注意が必要なものです。
ブジャンガ・アーサナと呼ばれるコブラのポーズや、ダヌラ・アーサナというサンスクリット語名を持つ弓のポーズなどに代表される後屈ポーズは、他のポーズよりも短い時間で効果を発揮します。

一見すると、ただ背骨を後ろに反らせているだけに見えますが、実際は腰の下の方から1本1本骨をしならせるように、体幹を使って体を頭の先まで床と並行、またはそれ以上になるよう持ち上げていきます。

私たち人間は、心理的に落ち込んだり、疲れたりすると、肩が内側に入り、猫背になり、視線も下に落ちてしまいがちです。
後屈という動きは、背中周りを柔軟、強化するというメリットもありますが、胸を開き、視線を上に引き上げてくれます。人間は、姿勢や体の動きが感情に良くも悪くも影響を及ぼすものです。そこで、無理矢理にでも上半身が斜め上に引き上げられることで、脳と心が解放的になり、自然と前向きな気持ちになるのです。

インド人は基本的にポジティブな人が多いためか、または生活のために視野を広く持つことが必要だからなのか、背中が丸くなっていたり、視線が下を向いていたりする人はほとんどいません。

理由を聞いたら、本気なのか冗談なのかは分かりかねましたが、「遠くを見ていれば、昔の友達やお客さんになってくれる人と出会えるかもしれないじゃないか。それに、下を向いていたら、神様にも見つけてもらえないよ」とのことでした。

安全上、なるべく体が温まっている時に限ってしまいますが、時折体を後ろに倒し、いつもとは違う景色と感覚を味わってみると、悩んでいたことのヒントも見つかるかもしれませんよ。

最大の敵「怒り」と向き合うことが辛くなくなる賢者の瞑想法

怒りに振り回されなくなると、良い循環が起こる

寂しさや悲しみよりも怖い感情だと言う人もいるくらい、「怒り」は私たちの本能でもあり、良くも悪くも強力なパワーを持っています。

みなさんも、怒って我を忘れそうになって後から自己嫌悪になったり、普段優しい人ほど怒らせてはいけないという経験をしたり、怒りをモチベーションに昇華して、物事を成し遂げたり、と小さい頃まで遡ってみても、色々な記憶があるのではないでしょうか？

最終的にもたらす結果は様々ですが、私たちはじわじわと襲ってくる寂しさ、悲しさと異なり、この咄嗟に湧いてくる怒りによって振り回されることが多くあります。

衝動的な行動や発言は周囲を傷つけてしまうだけでなく、自分自身も後悔に苛まれることになます。

この感情と上手に付き合えるようになれば、多くの問題が解決するのでは？と感じている人もいるでしょう。実際、ヨガのレッスンには、自分を客観視したい、今の自分と向き合う勇気を持ちたい、冷静になりたい、という感情面の変革のために通っている人も少なくありません。

怒りと向き合う根本的な方法は、自問自答がベースになるため、やはり瞑想に近い手段になります。スポーツやヨガで体を動かしているうちに消えていく場合もありますが、その場で鎮めるためには、呼吸が最も効果的です。マインドフルネスでも取り入れられていますが、今回は、そこにインド人の価値観もミックスしてご紹介いたします。

溢れ出る熱い感情は、お腹の底から頭に向かって一気に駆け上がります。その時がチャンスです。ここでは鼻呼吸を意識する必要はありません。一度大きく深呼吸をして、感情がそのまま言葉になってしまう前に、息を吐き出しましょう。

それから、胸とお腹に手を当て、自分がまず怒っているんだということを認識します。胸とお腹には、チャクラと呼ばれる愛と自我を扱うエネルギーが働いていると言われます。

そして、なぜ怒ったのか、相手の言い方や顔、それとも状況によるものなのか、などを自身に聞いてみてください。イライラが収まらない時は、今体にどんな症状が出ているかを観察してみます。これだけでもだんだんと落ち着いてくるでしょう。

大事なことは、「怒っている自分に感情を向けない」ということです。怒りっぽい自分、それによって失敗した自分という記憶が積み重なってしまうと、自己肯定感が下がるだけでなく、頭の中をずっと思考が駆け巡っている状態が続き、脳疲労を起こしやすくなるのです。

心身が落ち着いてきて余裕が生まれたら、「尊敬する○○さんだったら、どうするだろう？」「この状況が今の自分にもたらされた理由は何なのか？」を考えてみます。日本人も近いところがあると私は思っていますが、インド人は、今の自分の置かれている環境には全て意味があると考えます。――ちなみに、考えずに直感で感じている人も多いようです。


「神は今自分を試しているのだ。その理由を考える必要がある。」

「今大変なのは、自分よりも辛い状況にある人たちを救う使命があるに違いない。」

「お兄さんだったら、こんな時こそみんなにご馳走していた。」


といった言葉をよく聞きます。

ベースになっている考え方が、「人生は辛いもの。辛いことにいつまでも囚われずに、人に頼ってでも乗り越える方法、楽しくなるとまではいかなくても大変さが減る方法を考えよう。」なので、何だかこの一連の流れも納得のいく思考ですよね。

気持ちを受け止め、自分自身を見つめて感じ、分析をしているうちに、誰でも次第に落ち着きを取り戻し、新しい感覚が体に降ってくる感覚を味わえるのです。そのうち、怒りに襲われる前に、「そういうことか」という閃きが静かにやってきます。

最初は慣れないかもしれませんが、怒りを効果的に扱うためにも、ぜひ取り組んでみてほしい方法です。

誰かのために小さなことでもやってみよう——カルマヨガで自分と世界が好きになる

一日一善には本当に意味があった！

世のため、人のために生きた人というと誰を思い浮かべるでしょうか？『奇跡の人』のサリバン先生、ナイチンゲール、キング牧師をはじめ、史実に残っていない人も世界各国にいることでしょう。

インドという地においては、独立の父と呼ばれるマハトマ・ガンジー、マザーハウスを創設したマザーテレサが欠かせません。

そして、彼らの共通点はもう1つあります。「カルマヨガ」の実践者であるということです。

カルマヨガは奉仕のヨガとも言われ、どんな小さなことでも人のために役に立つ何かをすることです。呼吸もポーズもそこにはありません。

私たちも小さい頃、よく「困っている人を助けなさい」「人の役に立つ人になりなさい」と言われたり、学校の黒板に「一日一善」と書いてあったりした記憶がありませんか？　これもまさにヨガなのです。

今の自分は過去、インドや仏教では過去世からの行いや因果で起きているとされます。その現状を受け止めた上で、少しずつでも良い行いを重ねることで、未来や来世がより素晴らしものになる、という哲学に基づいています。さらには、家族や周囲の大事な人にもその恩恵が及ぶと信じている人もおり、ヨガの道場やレッスンに参加することがあまりないインド人の生活においても、このヨガを行っている人は数多くいます。

美味しくできた自家製のギーを近隣にプレゼントする女性がいれば、仕事の合間に道に落ちているゴミを掃除したり、会社のスタッフに特別休暇を与えたりする経営者もいます。

自己の利益を求めるのではなく、他者を思って何かをすること、その条件に当てはまっていたら何でも良いのです。

ただし、突然見ず知らずの人を助けるのは勇気のいるものです。

自分の心と体に向き合うヨガをすることも大事ですが、まずは周りでいつもサポートしてくれている人を思い出して、感謝の言葉を贈るだけでも立派なカルマヨガの第一歩です。

温かい気持ちが繋がり、喜びの輪が広がることで、ふと気づくと、いつもと同じ世界にいるはずなのに、少し見え方が変わっているかもしれません。

ヨガはするものではなく、生きること――この教えの醍醐味を感じられるはずです。

［コラム］

インド占星術

生活の必需品！

占いは世界各国、いつの時代もブームになっていますが、インドの人も老若男女問わず、占いが大好きです。

日本では西洋占星術を用いることが多いですが、インドでは、ジョーティシュと呼ばれるインド占星術が主流で、分析やアドバイスをした後に、今の自分に必要なラッキーアイテム――インドでは宝石がよく採れるためか、お勧めのパワーストーンを紹介されます。

彼らが長屋のようなお店や個人の自宅、そして、街中の路上でも占いをしている風景をしばしば目にします。基本的に、説得力があったり、当たっていることが多かったりすると、日本と同じように口コミでどんどん広がっていきます。

占いをする人は、ジョーティッシュジーと尊敬の意を込めて呼ばれ、その服装も普通の会社員のようであったり、少し僧侶に似た格好をしていたり、様々です。さらに、本業は別の仕事をしている人もいるようです。

日本の占い師さんは女性が多いイメージですが、インドのジョーティッシュジーはヨガの先生同様、女性を見たことがありません。

また、西洋占星術とは使用する星座や惑星、対応する意味が異なっているのが特徴でもあります。

元々は私たちのように運勢や流れを知りたいというよりは、使命や宿命などの重いテーマを見ることに重きを置くことが多かったのですが、最近では、恋愛や仕事などの相談をする人も増えているようです。もちろん、結婚式やお店のオープンなどの記念すべき日を決める時、インド人は真っ先にジョーティッシュを活用します。

インドに行った際には、欠かせない文化の１つ、インド占星術をぜひ体験してみてくださいね。当たっていないことがたくさんあったとしても、インドなら何だか許せるはずです。

［コラム］

インドの言葉とジェスチャー

ヒンディー語とインディアンジェスチャー

日本の９倍の面積があるインドには、約13億人が住み、28の言語が話されています。

そのため、本文でも触れたように、同じ国内であっても言葉が通じない人もいるため、その時は英語が公用語になります。

ただ、隣のネパールに行くと、ネパール語と北インドの言葉は40％共通している部分があるため、会話が成り立っている光景をしばしば目にします。

首都のデリーやヨガの聖地リシケシがあり、私がよく訪れる北インドでの公用語の１つは、サンスクリットが元となっているヒンディー語です。一見、長い横棒にぶら下がった記号のような文字が並んでいますが、文法は日本語と同じで、さらにしっかり法則があるので、日本人には習得しやすいと言われます。本気になれば、半年でほぼマスターできるという人もいます。

本文では何回か「ナマステ」という挨拶をご紹介しましたが、この挨拶は本当に朝から晩までカーストや宗教を問わず、色々な場所で耳にします。しかし、実は人に何かをする、してもらうのが当たり前の文化であるためなのか、「ありがとう」はほとんど使いません。時々使うことがあるとしても「Thank you」が主流で、ヒンディー語の「ダンニャワード」はほとんど使いません。飛行機の機内アナウンスまたは、大きな感謝や丁重にお礼を伝えたい時くらいでしょうか。

そして、日本人の私たちを最も困らせるジェスチャーが、彼らにはあるのです。

インドでは、ＯＫという意味の時、「アッチャー」と言いながら、首を横に振ったり、かしげたりします。言葉の響きもどちらかというと私たちにはNGに聞こえますし、首を振る動作も日本とは逆ですよね。特に、病院でお医者さんにこれをされると、何も知らない日本人観光客は落ち込んで帰ります。

もし、このような場面に出会ったら、インド人のようにThank youを「タインチュー」と発音しながら首をかしげてお礼を言ってみましょう。少し距離が近づくかもしれませんよ。

第6章

14日間で変わる！
「インド式しあわせ思考とヨガ」の効果

朝5分「この過ごし方」で、会社に行くのが楽しみになる

家と会社の往復に悩んでいた日々から、やりたいことが溢れる毎日へ

人は意外と小さなきっかけで始めたことが続けば、今まで見えなかった世界が見えてくるものなのかもしれません。

鈴木健太郎さん（仮名）38歳は、埼玉県の福祉系の企業で総務・人事の仕事に勤しんでいました。周囲から見れば、大手に勤務する傍ら郊外に1戸建てを買い、可愛いお子さんと優しい奥様に囲まれた生活は、何不自由のないものでしょう。

しかし、彼には最近仕事に打ち込めなくなってきたという悩みと、仕事の繁忙も相まって家と会社の行き来だけの生活になっていることへの漠然とした焦りがありました。

昔はどんな仕事でも熱くなれたし、楽しかったのに。

家族は世界で一番大事なもの、わがままだとは思うが、それだけで人生良いのだろうか。

これからずっとこの職場で、淡々と日々の仕事をこなしていくのだろうか。

他の人にも意見を聞いてみたいが、職場でプライベートな悩みまで相談できる人はいないし、友人も忙しいだろう。妻は頼りになるが、子育てで大変だろうし、話しづらい。

少し優柔不断なところはあるものの、温和な人柄の鈴木さんは、悶々としながら過ごしていました。


そのような中、人事担当役員が持ち込んできた、社内向けヨガレッスンのお知らせと出会います。

人事部としては、参加してくれる社員を集めるための告知や声がけ、実施までを担当しなければいけません。1つの業務として、社内の健康への意識付けにもなればと思い、取り組み始めました。まさか役員から、「総務・人事部は全員参加」と言われるとも知らずに。

ヨガは女性がするものという無意識の固定概念があったので、レッスンを受けている自分を想像して少しネガティブな気持ちになったものの、家で奥様に話したところ、

「会社に来てくれて、無料で参加できるなんていいじゃない！　しっかり習って、私にも教えて。」

と、とても乗り気だったため、次第に初回レッスンの日が楽しみになっていきました。また、若い頃は水泳部に所属し、体力と柔軟性には今も年齢の割には自信があったのです。


当日、業務終業後に参加をしたのは、総務・人事部をはじめ12名。男性がその中に7名もいたのは、彼自身一番驚いたそうです。奥様や家族の薦めや、メタボリックが気になりつつも、フィットネスジムのヨガは女性が多く通いづらいからといった理由で来てくれました。

ほとんどヨガ初心者ばかりだったこともあり、今の体のチェックをお互いに行ってから、そもそもヨガとは、という説明があった後に、基本的な呼吸やポーズを行った

1時間10分のレッスン。

ヨガの動きは色々な人から聞いていた効果を感じることができたけれど、それよりも印象的だったのは、先生のインドについてと脳の話でした。

「みなさん、最近笑っていますか？　全員表情筋が硬いのですが…タスクがたくさんある時、仕事が忙しい時こそ笑って下さい！　インドは仕事があること、仕事ができることにとにかく感謝をしている人が多い国です。日経新聞にも載っていました。そして、嘘でも笑っていると脳が騙されて幸せな気分になり、その結果幸せな現実が広がっていきます。嘘だと思って、今から少しお伝えする顔ヨガとラフターヨガを毎日少しずつやってみましょう。」

最後の10分だけでしたが、普段真面目な顔で話していたり、内線電話でしたやり取りしていなかったりする社員同士が一生懸命変な顔をして、笑い声をあげている――客観的に見ると少し奇妙な風景だな、と思ったものの、終わった後に頭まで柔らかくなっている感覚がありました。

この日に参加した社員のみなさんからも、

「しばらく笑っていなかったことに気づいた。難しい顔で部下や業者さんに頼みごとをしていたとわかって落ち込んだが、良い気づきになった。」

「顔の血行が良くなって、肩こりも軽くなった気がする。明日の営業が憂鬱だったけど、頑張れる気がしてきました。」

といった、前向きな感想がもらえたとのこと。

鈴木さんは、帰宅後に奥さんに話し、1日5分で良いので一緒に顔ヨガをすることにしたそうです。会社でもエレベーターを待っている間にストレッチをしたり、トイレに行くたびに表情をチェックしたりすることで、1日が少し楽しくスタートでき、集中力も上がり、気分転換も段々とうまくなって行くように感じました。


そして、ヨガについて少し調べていくうちに、瞑想にも興味が出てきました。しかし、ネットを見ながら試しにやってみてもコツが掴めず、次の社内でのヨガレッスンで相談することにしました。

前回のレッスンから2週間後、簡単にできる瞑想について先生に聞いてみると、

「私もあんまり得意ではなくて…体を動かしている方がちゃんと瞑想状態に入れている気がするんです。あ、でもぐるぐる考えてしまう人にピッタリな瞑想がありまし

た。イメージ瞑想です。」

このように、朝起きた時や寝る前に5～10分行うイメージ瞑想と出会いました。やり方に大きな決まりはなく、最初は自分の呼吸に集中し、できる限り整えます。そして、今の自分が何を求めているかを頭で考えるのではなく、体や感覚で浮かんでくることを感じ、少し先の未来で楽しく生きている自分の姿をなるべく明確にイメージします。


最初は自分と向き合う時間を毎日持つことがいいな、と思うくらいでしたが、自然と朝または夜に行うことで、その日1日や翌朝目が覚めた時に何だか気持ちがすっきり、前向きになっていることに気づきました。

「今日は定時で帰って、あのお店で読書をして帰ろう」

「そういえば、あの部署人が足りないって言っていたな、詳しく聞いてみよう」

毎日小さいながらも目標ができ、実際に行動に移していくことで、周囲にもその気持が伝播したのか、やりたいことや、やりがいがないかもしれないと思っていた人生に、どんどん楽しい時間が溢れていきました。

最近では、社内で困っている部署や人をとにかく助けながら、社外でも友人を作り、仕事のスキルと人間力の向上を目指しているそうです。出世にはあまり興味がないということにも気づいたことが、却って肩の力も抜けて良かったと、はにかむように笑っていました。

私たちは、日々の生活が送れることに、安心と共に退屈な感情をいだいてしまいがちです。もちろん穏やかな日常生活は大事ですが、刺激がなくなってしまうと、負のスパイラルに入ってしまうこともあります。そんな時こそ、自分のための時間を5分でも10分でも作ってください。顔ヨガもイメージ瞑想も時間や道具は何もいりません。きっと、元々持っていた自分の力が答えをくれるはずです。

苦手な仕事の原因が分かって、ふと挑戦したくなった

一番の敵も味方も「自分自身」だと気づいたら、人生が好転した

20代半ばは、転職を考える人が一気に増えるように思います。

年齢よりも落ち着いて見える石田沙織さん（26歳）は、東京都のお菓子メーカーのマーケティングの部署で働いています。大好きだったこの仕事ですが、最近人事異動で営業部に行くことが決まりました…

頭では「今後のためにも営業を経験することは大事だ」と分かっているものの、同期の大変さを聞き、新卒での短期間の営業研修であまりうまくいかなかったトラウマもあり、毎日異動先でのできない自分を思い浮かべてしまい、憂鬱な気持ちで通勤をしていました。

ある日、仲の良い先輩が心配してくれたため、久々に一緒に近くの公園でランチをすることに。

「自分のためになることは理解しているものの、異動先の仕事がとにかく心配なんです。期待されての異動とも聞いたのですが、だんだんそれも嘘なんじゃないかとネガティブになってしまって…」と伝えると、

「会社にいるってことは異動の可能性はやっぱりあるからね。転勤がないだけでも良かったんじゃない?営業も楽しいことあるかもよ!私も人事部からこの部署に来た時、全く何も分からなかったけど何とかなったし!」

とあっけらかんとしたアドバイスしかくれず、さらに落ち込んでいたのですが、ふと彼女の考え方がどこから来ているのか知りたくなり、聞いてみたようです。

すると、「私も元々は色々考えちゃうタイプだから、人事部で新卒採用をしていた時に学生さんからの内定承諾の返事が来るかどうか、毎日ヒヤヒヤしていたの。採用人数っていう目標がある人事部も営業と似ているところはあってね。ただでさえ、忙しくて毎日遅くまで仕事していたのに、自分でさらに、(うまくいかないんじゃないか)

とか、（明日の朝パソコンのメールを見て嫌な内容が届いていたらどうしよう）とか、自分を追い込んじゃったから胃が痛くなったり、眠れなくなったりして、友達に誘われたのもあって、気分転換にヨガのイベントに何回か行ったの。そこで、色々勉強になって…」

と、ヨガの時間にインド帰りの先生から聞いた考え方や、インドの話を色々してくれました。肝心のヨガのポーズについては、あまり覚えていなかったようですが…

そこで、家や通勤中、カフェや会社など、場所を問わずにできるモンキーマインド解消瞑想を教えてもらいました。確かに、少しやってみると、呼吸を意識したことなんてなかったし、最近は特に呼吸が浅くなっていたなぁと、色々感じるところがありました。

ただ、なかなかポジティブなイメージを持つことができず、ネガティブなイメージを振り払うのに必死になってしまいます。やり方はシンプルだけれど、何かが間違っているんじゃないかと思い、再度先輩に相談をすると、このような答えが返ってきました。

「ヨガって正解はないんだって。でも、約束事は幾つかあって…自分が辛い、苦しいと思うことはしないとか、今の自分に満足するとか。だから、毎日やらないといけない気持ちや、間違っているんじゃないかっていう考え方に囚われずに、新しいことに挑戦している自分を褒めてあげるところがスタート地点かもね。」

確かに仕事も同じで、間違っているかもしれないと思ってやるよりも、どうしたらより早く、正確に楽しくできるか、ということを考えてきました。また、いつもデータを分析して自分の答えを探してきたけれど、パソコンにどんなにたくさんのデータが並んでいても、それは仮説にすぎないし、その通りに現実が動くわけではありませんでした。でも、様々なプロジェクトに取り組むうちに、できることが増えて、喜んでくれる顧客がいることで自身を認められるようになった過程を思い出したのです。

できることは増えてはいたけれど、それが自然になりすぎて、自分に感謝することを忘れていました。そこから、瞑想中にネガティブな感情を無理に追いやるのではなく、静かに流すという感覚を掴めたようになったそうです。

数日後、先輩から「ランチを食べた後、そのまま公園で一緒に瞑想してみる?」と誘われたので、誰かと瞑想するというイメージがつかないまま、付いていくことにしました。

2人行う時は、お互いの呼吸を意識することが大切なようです。対面または横に座って、同じペースで呼吸を整えます。そして、まずはいつも通り頭によぎる心配事や不安を1つずつ観察します。その後、思い切り手放したい思考や感情を吐く息に乗せていき、吸う息では心地よい公園の風や楽しいイメージも一緒に体の中に入れていくのです。自分自身が落ち着いたら、今度は相手から辛さや寂しさなどが出ていく想像をしながら、ゆっくり呼吸をします。人と瞑想するというのは、1人よりもパワフルな気がしました。

いつもは1人で、時には先輩や興味を持ってくれた部署のメンバーとこのやり方を続けていくうちに、異動の不安も次第になくなっていったようでした。なぜなら、営業をしっかりやったことがないという未知の恐怖と、失敗とはお客さんからも社内からも人間性を否定されてしまうことという思い込みが一番の要因だと気づいたからです。

そして、異動前日、先輩から最後のアドバイスをいただきました。

「瞑想がしっくりこないと思ったら、体を動かして体の感覚に集中してみるのも効果的らしいよ。ストレッチでもいいし、ラジオ体操でもいいみたい。私もヨガだとやり方が分からないところも多いから、ラジオ体操を2日に1回くらい続け始めたんだけど、いい感じがする！

あ、それから、人生には『タパス』が必要なんだって。私たち記憶ないけど、赤ちゃんって産まれてくるの大変じゃない？だから、人生はもっと大変なのは当たり前、全部修行。それを受け入れられればられる程、人としても強くなるし、魅力的になって、自然と生きやすくなるらしいよ。」

沙織さんは新しい部署に異動してから、毎日瞑想もしくはラジオ体操をするようにしたそうです。すると、自分の精神面を冷静に見られるようになり、うまくいかなかった時もどうしたら良かったのかを分析したり、的確なアドバイスを求められたりできるようになったとのことです。ラジオ体操のおかげか、体力もついたと喜んでいました。

売上が大幅に上がる月もあれば、少し足りない月もある、でも常に前向きで人に対しても寛大になった彼女が取引先からヘッドハンティングされるのは、異動から2年後のことでした。

失敗や苦手なことが目の前に立ちはだかると、私たちはつい「何で私がこんな目に…」と感じてしまいます。

しかし、視野を広く持てば、状況が違えど、大変なことは個々の人間ひいては生き物全体に起きているのです。その時に、他人や環境のせいではなく、現状を成長のためのタパス（苦行）と受け止め、精一杯今できることを考えられる人が強く、優しく、そして賢くなっていきます。

瞑想やヨガ、またはラジオ体操などが、そのようなきっかけになると嬉しく思います。

「強がらなくてもいい」気づいたら管理職がうまくいくように

商社のこじらせリーダーだった女性が別人のように変わった

東京都内の専門商社に勤務している川本真理子さん（仮名）（33歳）は、毎日自部門のマネジメントと新商品の企画・営業に勤しんでいました。

真理子さんは、会社での人間関係に悩みを抱えていました。

出勤すると、部署の契約社員は自分の好きな仕事しかやらないという毎日。なぜ自分だけが大変なのだろうかと日に日に辛く感じていました。せめてもの救いは、会社の取引先との良い関係だけ。

そればかりではありません。両親や恋人といった身近な人にもイライラしていました。両親は顔を合わせるたびに老後の不安を訴え、彼からは会社への不満がとめどなく出てきます。一人っ子ということもあって、ずっと両親に寄り添ってきましたが、そろそろ気持ちが限界です。お小遣いを求めるようにもなり、正直その金額が上がっていることにもため息が出ます。彼にも色々アドバイスをしていますが、結局自分からは何も動いていないようで、話を聞くことにも疲れてきてしまいました。

このまま人のことで悩み、お金のために仕事をするのかと思うと、帰りの電車で涙がこみ上げてきます。

得意な英語が使える会社で、素敵な商品を世の中に広めたかっただけなのに。

食事をしても味がしないので、食も細くなっていきました。

そんな時、会社の先輩から友人のヨガのレッスンに行ってみようと誘われました。どうやらインドヨガというものでした。

インストラクターさんは、10万人いる中で400人がインド政府公認なのだそうです。インドヨガの精神として、人や自分の外面にとらわれる鏡は使わず、実践する時間も決まっていないということに驚きました。

普段、個人向けにはあまりレッスンはしない人らしいのですが、3人以上集まったら開催してくれるとのことだったので、先輩は高校時代の同級生と私に声をかけたようです。

最近気分転換もしていなかったし、大勢でやるわけではなさそうだったことと、信頼している先輩の誘いでもあったので、行くことを決めました。

土曜日の夕方からという、忙しい会社員にとってはありがたい時間に、インド帰りのインストラクターのレッスンに参加をしました。

レッスンでは、久々に体を動かし、自分と向き合う時間の中で、想像以上に深く落ち込んでいることに気づきました。

同時に「誰かに助けてほしい」という今まで言えなかった言葉が思い浮かびました。

「苦しい場面が思い浮かんだ人は、自分が苦しんでいるという事実を受け止め、まずは実際に言葉に出してみることが大事」という先生の瞑想中のアドバイスを受け、まずは、今日一緒にレッスンに参加した2人に、帰り道、今の状況と苦しい気持ちを話してみることにしました。この考えや行動はヨガの哲学で一番初めに出てくる、アヒンサーというものだそうです。

2人は暖かく共感して、アドバイスもくれました。まずは、家に帰ったら両親にしっかり自分の現状と気持ちを話した方がいいと。

帰宅し、両親にもうお金は渡せないこと、不安ばかり持っていないで前向きになってしてほしいと伝えましたが、「あなたは冷たい、何も分かっていない」と、逆にひどい言葉を浴びせられ、聞く耳を持ってくれませんでした。

会社でも契約社員1人1人に面談をもちかけましたが、結局本音は聞けず……

先日相談した先輩がその様子を見て、先生に連絡してくれました。先生からのアドバイスは、「自分の尊敬している人ならどうするか」を考えること。そして、「前回のレッスンでやったチッタ瞑想を続けること」でした。やってみました。チッタ瞑想とは慈悲の瞑想と呼ばれ、誰かの幸せを願う瞑想です。イメージの中で相手との関係を癒すと、現実の人間関係も変わっていく効果があるようです。

私は入社した時に指導をしてくれた女性の先輩を思い出し、毎日笑顔で声をかけてくれたこと、お客さんに怒られて落ち込んでいることなどを正直に話してくれたことを思い出しました。自分にはこれがなかったと気づき、まずは、日常生活から変えてみることにしました。そのうえで面談だと。苦手な相手に幸せが訪れるように願う瞑想は、最初は辛かったけれど、会社でも感情的になることが減り、だんだんと心が落ち着いていくように感じました。

1週間と少しが経った時のこと、面談をせずとも契約社員から声をかけてくれるようになりました。「手伝いましょうか?」その一言は世界が変わるくらい嬉しかったです。

そこで光が見えた真理子さんは、両親へのアプローチも変えてみることにしました。最初にお母様の素敵な部分を見つけようと思い、フラワーアレンジメントが得意だった、彼女の作品を一緒に手作りサイトで売ろうと提案しました。

お母様は半ば困っていましたが、2日で初めて作品が売れてからは、自分からどんどん出品するようになり、社会に貢献できている喜びを感じるようになりました。

それを見ているお父様も老後を考えるより、趣味を見つけようと思い立ち、いろんな会に参加しているそうです。２人からは不安よりも、毎日の楽しい出来事を聞くことの方が増え、お金の無心もなくなりました。

真理子さんの問題が解決したのは、自分が苦しんでいるという状況を認めて人に話し始めたこと、相手の喜ぶ顔を思い浮かべ行動したことが成功のきっかけでした。真理子さん、次は恋人へのアプローチを楽しく考えているそうです。

毎日忙しく働いている中で、私たちの視野は、気づけばどんどん狭く、独りよがりになってしまいます。ただ、辛くなるまで1人で抱えるのではなく、信頼できる人に辛さを吐き出すことで自分の心を軽くするアヒンサーの精神、人の幸せを思うチッタ瞑想をすることで乗り越えることが出来ます。

人と比べないことで、毎日が少し楽になった

比べるなら「過去と未来の自分」

日本人は世界を見渡しても特に人と比べてしまいがちな民族だと感じますが、ヨガのレッスンにいらっしゃる方を見ると、進学校に通っていた期間が長かった人ほど、この癖が無意識に身に付いてしまっている気もします。

レッスンに参加し、さらに私のインド人の友人とも関わるようになった大久保未来さん（39歳）は、大学時代まで受験戦争を勝ち抜き、エリートコースを駆け抜けてきた女性です。職業は、都内の高校で英語教師をしています。

子どもがとにかく大好き、というわけではなかったのですが、勉強をする楽しさを伝えたい、多くの生徒を1人でも希望する大学に送りたい、という気持ちで取り組ん

でいました。

しかし、経験値が上がると同時に責任も増え、私生活でも婚活のプレッシャーから逃れられなくなっていったようです。特に、高校時代に仲の良かった友人がすでに結婚をしていたり、子育てに追われながらも仕事も楽しんでいたりする姿を見ると、複雑な気持ちになってしまいます。

進学校にいた学生時代から周囲の成績を意識せざるを得ない環境で、社会に出ても前後の年の合格率や、他の先生との人気を比較するようになっていました。そして、最近では人とのプライベートの幸せまで、比べるようになってしまっていたのです。

理屈では、数字で評価されてしまうものは仕方がないけれど、幸せなどはそもそも比べるものではないし、人には人の悩みがあるのかもしれない、と分かっているのに、自分の状況を考えると、現在や将来を悲観しがちになっていきました。

そのような日々が続き、せっかく会ってもなぜかいつも疲れていて、中々自分のことを話さなくなってしまった大久保さんを心配した高校時代の友達2人が、彼女をヨガに連れ出したことをきっかけに人生が動き出していきます。

ある土曜日の夕方に、2，3人の希望で働く女性向けのヨガレッスンと本場のインドカレーを食べる、というイベントが開催されることになっていました。そこに集まったのは、6名の女性参加者。全員の仕事やプライベートの状況は偶然にもバラバラでした。共通点は、ヨガとカレーが一緒に味わえることにお得感を感じていることと、何かしら現状を変えたいと思っていること。

インド帰りのヨガの先生は、ヨガで自分磨きをしている女性というよりかは、社会やアジアの荒波をくぐってきているサバイバーといった印象で、自己紹介や今の気持ちなどを聞き、全員の仕事やプライベートのやりがいや大変さを、何となく理解してくれているようでした。

「みなさんは普段から朝昼問わず、一生懸命動いていると思うので、今日は難しいことはしません！　子ども心に還って、ストレス解消と自己肯定だけを目標にやりましょう。

というわけで、ヨガスタジオによくある鏡もこの部屋にはありません。鏡があると、自分だけでなく一緒に受けている人全員と比べてしまい、ヨガの目的からずれることになるからです。だから、インドのヨガ道場でも鏡はないです。そのため、ポーズを取った時には、自分の感覚が頼りになります。その感覚も研ぎ澄ませられたらいいなぁと思っています。」

ヨガに初めて参加する人もいたので、最初に簡単な意味やルールなどの説明はあったものの難しい話はなく、さっそく呼吸を整えてから1時間のレッスンが始まりました。体を動かし始めると、「子ども心に還って」と言われた意味が何となく分かったのです。全てのポーズが、動物の動きを真似したものになっていました。そして、動物のポーズを取っている最中は呼吸を止めずに、その動きや生活をイメージすることに集中するように案内されます。

後から説明を聞いて納得したのですが、体をほぐす効果以外に、想像力を使うことで、その動物に宿るパワーを分けてもらう、他のことを考えないようにする、といったインドの智恵がそこにありました。

最初はどうしても他の人を見てしまい、体の硬い自分の動きを気にしがちでしたが、体や感覚に意識を向けていると、「まだ意外にソフトボール部で鍛えた筋肉は落ちていない」ということや、「デスクワークが続いていたせいか、肩を回すと体がゴキゴキ言っている」といったことにも気づけました。

先生から「未来さんは立ち姿勢がすごく綺麗ですね！」と褒められたことも新鮮でした。

そして、後半はインドカレーを楽しむ場です。初めて見るインド人と、インド人が作るカレーにみんな興味津々でした。先生から、「もう1つカレーができるまでインドのヨガ哲学に基づくワークをやりましょう！」と提案がありました。それが、良いところを書き出すスワディアーヤの考えを元にしたものでした。

初めてで1つのテーマで30個は難しいだろうということで、自分の魅力15個、一緒に来た友人の1人の良いところを15個出すことになりました。未来さんの場合は、人の素敵な部分はすらすら書けるけれど、自分についてはとても難しく感じたようです。

でも、友人からの15個の誉め言葉を読んだ時に、未来さんの中で変化が起こりました。

「① 自分の道をいつも自分で選択していて偉い！」

「② 時々さりげなくくれるプレゼントがいつも美味しいものばかりでセンスがい

い」

…

「⑮高校時代に、私がいじめられそうになった時も毎日ずっとそばにいてくれたことに今でも感謝しています♡」

最後の項目を読んだ時、「これじゃ手紙じゃない」と思って少し吹き出しそうになりながらも、周りの人をただ羨ましいとどこかで嫉妬し、劣等感を感じていた自分を反省すると同時に、今までの生き方を誇りに感じることができました。

先生やカレーを作ってくれたインド人、初めて会った3人組ともインドの話や学生時代の話をしながら仲良くカレーを食べました。みんなで手でカレーを食べることが難しいと笑ったのも良い思い出です。

少し今の自分を肯定できるようになった未来さんは、翌日から他の先生をライバル視するのではなく、良い部分をとにかく真似するようにしました。生徒に対しても、個人の魅力を見つけては、席次表に書き込んでいったのです。

自信を無くしそうになった時は、トイレで呼吸を整えたり、気分転換に直感で選んだハーブティーを飲んだりと、上手にマインドセットができるようになっていきました。もちろん、困った時はインストラクターの先生に相談して時々ヨガも続け、インドカレーを作ってくれたインド人のいるお店に遊びにも行きながら。ちなみに、少し婚活はお休みをすることにしました。

毎日客観的に人の素敵なところ、自分の良いところを観察しながら過ごしていた未来さんは、だんだんと「自分の幸せは自分で決めるもの。生徒からの相談も増え、休日は行きたい場所がたくさんある私は今結構幸せなんじゃないか」と思うようになっていきました。

私が色々な意味でびっくりしたのは、彼女からの1本のメールでした。
「先生、私両親の家の近くにマンションを買おうと思うんです。一生1人かもしれないし、２ＬＤＫだから、もし一緒に住みたい人ができたらその時はそれでもいいかなと思って。」

どちらかというと大人しく、1つのことを決めるのにも少し時間のかかっていた未来さんは、今や将来ネガティブに捉えるのではなく「何とかなる！」という気持ちを大事に、自分らしく前向きになっていました。

私たちはつい、人と何でも比較してしまいます。でも、すぐには難しいかもしれませんが、インド人がよく言うように、「人と自分は違って当たり前。同じミッションを持った人間ばかりだったら世界はできないし、つまらない。」のです。

スワディアーヤの精神と子どものように楽しめるヨガで、今の自分がベストと思える選択をしていきたいものですね。

お酒と食事とヨガで、笑顔が取り戻せた

自分に嘘をつかない生き方を見出したら、人生は好転する

いわゆる高齢出産を経て職場に復帰した岩見雅恵さん（43歳）は、仕事やプライベートでのぎくしゃくした感じに悩まされていました。

ウェディングプランナーの仕事はハードではあるものの、やりがいがあり、母親となった今では、また以前とは違った提案もできるようになったため、一層楽しさを感じるはずでした。

プライベートでも、可愛い息子と子育てに協力的な夫との生活は、充実していると思っていました。

ただ、1つ出産前と変わったことがあるとすると、急激なダイエットを行ったこと。

とにかく産後の体型や疲れが出ている顔に自分で嫌気が差し、インターネットで

次々と効果があったと言われる方法を試しました。

ビーガンと言われる食生活に変えることにはじまり、美白クリームの購入、毎日欠かさず行う筋トレ、寝る前のスキンケアも厳重に行っていたそうです。

しかし、体重は確かに落ちたものの、同僚や夫からは「覇気がない」「体調大丈夫?」「顔色悪いよ?」と言われることが多くなったのです。

次第に規則正しい生活をなるべく心掛けているにも関わらず、気持ちもふさぎ込むようになっていきました。そして、とうとう会社でも「ちょっと元気になるまで、バックオフィスの仕事をしてもらってもいいでしょうか?」と提案される始末…

それでも、できることと言えば、巷で良いと言われる健康法や美容を試すこと。

「綺麗になれば、きっとまた元気になれる。」

雅恵さんは、そう自分に言い聞かせていました。

だんだん元気がなくなっていく雅恵さんが、重い身体を引きずって保育園に行ったところ、たまたまアクティブなママ友がヨガに誘ってくれたのです。

「今月末の土曜日、仕事休める？　ジムとかの大勢でやるレッスンじゃなくて、横浜のレンタルスペースまで来てもらうことにしたから、貸切だよ！たまにはみんなでリフレッシュしよう。ダイニングテーブルもある場所を借りる予定だから、昼間からスパークリングワインも飲もう！」

お酒もしばらく止めていたので、あまり最後の一押しには魅力を感じなかったのですが、最近接客もしてなかったし、たまには家族や同僚以外の人と話すのも良いかも、という気持ちで参加を決めました。

参加したママ友は、次々にヨガの先生にレッスンでの要望を伝えます。

「肩こりが本当治らなくて…」

「ポッコリお腹が悩みの種で…」

「足のむくみがすごいんです！」

先生はにこにこしながら1人ずつ仕事と悩みを聞き、メモを取っていました。

「たくさんのご要望ありがとうございます！　全部1時間のレッスンで解決できるかわからないけど、家でできることとかも最後にお話ししますね。」

そう伝えたあと、体がリラックスするように、主に大きな筋肉と背骨の使い方を意識したレッスンを行いました。その都度「このポーズは腰痛にいいですよ」「家でやる時は、こういう風に壁を使ってくださいね」とアドバイスをしながら。

レッスンが終わると、雅恵さんは筋トレとは異なる効果を感じたそうです。

体や張りつめていた心の力が抜けていくような、何だか久々に優しい気分を思い出しました。そして、自分を追い詰めていたことに気づいたようです。

懇親会では、ママ友たちが手作りしてきた軽食やお菓子、そして、スパークリングワインがテーブルに並びました。雅恵さんが持って行ったのは、マクロビオティックのレシピで作ったホットケーキです。中々、ワイングラスに口を付けない姿を心配した1人のママ友が話し始めました。

「お酒、飲めなかった？　ジュースもあるよ？」

「雅恵さん、もしかしていつもお肉や魚食べないの?!」

「最近、目に力がないなって心配していたんだけど、食生活かなり制限してる？」

ママ友たちは、とても心配そうに矢継ぎ早に質問をしました。

雅恵さんは、今の悩みや食生活などの気を付けていることを話し始めました。

その答えに一番びっくりしていたのは、先生でした。

「アスリートなどではない人が、そこまで徹底した管理は難しいですよ。体調やメンタルで何か変化とかありませんでしたか？　私も少しベジタリアン生活をしたのですが、実は体を見事に壊して…他のヨガのインストラクターでも、自分の心身に合わない無理な生活をして体を逆に悪い状態にしてしまう人は少なくないんです。それに、インド人も色々いますが、ヨガをする人でも、お酒もお肉も食べる人はたくさんいますよ！それが、ヨガの哲学の1つですから。」


ヨガの哲学の1つ、「サティヤ」は自分を騙すことはしてはいけない行いだそうです。

本当は普通に家族と同じものを食べたかったし、お酒も飲みに行ったりしたかったのに、心や体の声に耳を傾けず、世間が良いと言ったものを無理をしてまで全て取り入れようとしていたことは、全く自分自身のためになっていなかったのです。

また、その結果、より自分を傷つけてしまい、まさに「アヒンサー」の考えにも反していたことを知りました。

「雅恵さん、みんなで集まって美味しいものを食べたり、お酒を飲んだりする時間も健康と同じく大事なものです。それに、乾杯の音は悪いものを吹き飛ばす意味もあるそうですよ！」

先生にそう言われ、ママ友たちにもう一度乾杯をしてもらい、ゆっくりワインを飲んでみました。すると、友達と楽しんでいた独身時代の記憶や、夫とのデートの思い出が蘇ってきたのです。

みんなの前で、「まずは、食生活は無理に変えずに、筋トレとヨガやストレッチをできる時に楽しんでみる」という約束をして、1か月後のレッスンで変化を報告することにしました。

やらなければいけない、という強迫観念ではなく、やりたいと思った時に運動をする、そのためには、自分の体と心にしっかり気持ちを聞かなければいけません。雅恵さんは、1日のうち1人になった時には、自分の今の心境を丁寧に確認するようにしました。

そして、1人でお弁当を食べていたランチは、また以前のように同僚と時々外食するようになり、家で夫とお酒を飲みながら、他愛のない話をする夜も増えていきました。

筋トレやストレッチも2日に10分、3日に30分でもできた日は、息子と遊ぶ体力も戻ってきたように感じたのです。

自分との時間や人との交流が増えたおかげで、1か月後には雅恵さんがまた接客が楽しめるようになりました。

ヨガのレッスンに現れた時、「この人こんなに笑顔が素敵だったんだ！」とその場にいた全員が驚くほど、元気で溌剌とした姿に変わっていました。

雅恵さんは、砂糖も多めに入っているチャイを美味しそうに飲みながら、「みなさんのおかげで前より若返った気がします！　今の方が色々気を遣っている時より元気だし、楽しいかも。」と話していました。

誰しも自分にコンプレックスはあるものです。また、様々な情報が手に入りやすい世の中だからこそ、すぐに評判が良いと言われるものも試してしまいたくなります。でも、自分に合うものは自分自身が一番知っているはず。サティヤ――一生付き合っていく自分に嘘をつくことなく、正直に生きている人が何よりも美しく、元気でいられるものなのです。

既読スルーを恐れるより、自分の気持ちを伝える大切さに気づいた

人生1度きり！後悔しない生き方、できていますか？

働き盛りの年代の方を中心に、キッズからシニアまでレッスンをさせていただく機会があります。とりわけ、思春期の高校生向けのレッスンは、みなさんの感受性に刺激を受けることも多く、私にとってもとてもためになります。

学校では、主に運動部の生徒のストレッチ、または体力に自信がない生徒さんの基礎体力アップや心に問題を抱える生徒さんとのコミュニケーションのためにヨガを教えています。

高校生の悩みは、大人に比べたら幅は狭いかもしれません。悩みのほとんどは家族

関係や学校での出来事、将来への不安に起因しています。でも、様々な経験値を積んできた大人以上に彼らは自分や友人の気持ちに向き合い、解決方法を探っているのです。

三村愛さん（16歳）は、都内の高校に通う2年生です。軽音楽部に所属する、小柄でよく笑う女の子でしたが、去年両親が離婚をしてから色々なことが不安になってしまったようでした。

一生懸命働く母親の邪魔にならないようにできるだけ自分のことは自分でやるように努力をしていましたが、疲れている姿を見ると、学校であったことを話したり、進学のことを相談したりすることにも遠慮するようになったのが始まりです。

比較的何でも話せていた友人にも、さすがに家族の暗くなってしまいそうな話はできず、お昼を食べながらも、ぼーっとしてしまうことが増えたせいか、

「最近元気ないけど大丈夫?」とLINEをもらっても、悩みを伝えて相手を困らせ

たらどうしよう、そんな人だと思わなかったと嫌われたらどうしようと、どんどん悪い想像が膨らみ、何だか自分がこの世界で独りぼっちになってしまったような感覚がありました。

最初は、「私が我慢してみんなの前では楽しそうにしていれば全て問題ない」と言い聞かせていましたが、我慢すればする程、「人に嫌われたくない、迷惑を掛けたくない」という気持ちが強くなり、次第に図書室の本やインターネットで原因や解決方法を調べるようになりました。

ある日、彼女の中で仮説ができます。

「境界性人格障害、強迫神経症、ＨＳＰ…どれであったとしても自分で治せそうにない」そう感じた愛さんは、勇気を出して保健室の扉を叩くことにしました。

保健室の先生は生徒思いで、勉強熱心だったこともあり、じっくり話を聞いてくれました。そして、しばらくスクールカウンセラーと定期的に面談をすることに決まったのです。

この学校では、いじめ問題などはほとんどないものの、嫌われているかもしれないと自信をなくしていたり、勉強と部活の両立ができないと苦しんでいたり、家族関係で悩んでいたりする生徒が保健室に来ることが増えていました。また、最近では、自分は人と違うので、何かの病気なのかもしれない、とウェブの情報などで心配を募らせている生徒の駆け込みも多くなっていたそうです。

そこで、保健室では、授業終了後などに色々な社会人を呼んで、生徒の悩みの解決につながるセミナーを実施するようになりました。

このような時、私は人事経験と教職免許を持っているヨガのインストラクターで良かったと思います。

先生や医者という立場だと、大人はもちろん学生も緊張してしまうため、本音を話しづらい人も少なくありませんが、ヨガの先生であれば体や心の不調を自然に聞くことができますし、様々な年代との接点を今まで持っていたので、却ってこちらも積極的に話をすることができるからです。

素直な愛さんは、先生の勧めもあり、ヨガのレッスンに来てくれました。

「自分の呼吸と仲良くなる練習をしてみましょう。楽しいことや不安なことを考えると、両方呼吸は浅くなりますが、気持ちは全然違うはずです。逆にリラックスできる瞬間を想像すると、呼吸は自然にゆっくりになります。気持ちのコントロールが難しい時は、呼吸をコントロールしましょう。」

この日は呼吸と、自分に自信を持つための後屈のポーズや下半身の力強さを感じるポーズを行いました。最後に感想を書くことになったのですが、愛さんの中ではヨガのポーズよりも、ヨガで自分を大事にするということがしっくりきたようです。

「ヨガが元々インドで生まれました。昔のインドの人が、辛い時や悲しい時、少しでも生きやすい人生を送りたい、と思って考え出したものです。

インドは日本の6倍以上の人口がいるのに、平均寿命は日本より20年以上短く、毎日子どもから大人までたくさんの人が亡くなっています。理由は色々です。お金がなくて病院に行けない、病院が近くにいない、バスの屋根に乗っていて落ちてしまった。自分はもちろん、いつ大事な人が亡くなるか分からない状況です。そのため、人々は毎日お祈りをするし、1回きりの人生を後悔しないように生きます。意見や要望をすぐに言う姿勢は、日本人にとってはわがままに見えるかもしれません。でも、明日大切な人と会えなくなっても後悔しないようにするためなのです。もし、この中に、自分の意見や気持ちを伝えるのが怖いと思っている人がいたら、まずは1人だけでいいので、昨日よりも少しだけ伝えてみてください。」

学校と自宅を往復し、毎日決まった友達に囲まれていると、歴史や公民で他の国のことを学んでも、どこか他人事になってしまいます。でも、実際に外国と深い関わりを持って人の話を聞くと、世界には本当に知らないことがたくさんあって、学校に行けて将来を選べるのは幸せなことなんだと不思議と実感できました。

「もし、明日お母さんがいなくなったら…明日友達と会えなくなったら…」と想像をしてみると、色々な思いが溢れ出してきます。

まずは、この日、家に帰ったらお母さんにいつもより話をしてみよう、と決意をして帰宅しました。ただ、母親が帰ってくる時間が近づくと、決意が揺るぎます。そのまま夜ご飯が終わり寝る時間に。今日はとりあえず手紙を書くことにしました。

返却された95点の英語のテストと一緒に、感謝の手紙を机に置いておいたところ、朝起きるとポストイットにささっと、返事が書いてありました。

『いつも中々話ができてなくてごめんね。土日はゆっくり買い物に行って、ご飯を食べよう！』

愛さんが行動に移したことで、お母さんもしっかりと答えてくれたのです。

その朝は、何だかいつもよりすがすがしい気分で、自然と癖だった猫背もほどけて学校へ向かえました。

お昼休みは愛さんの提案で、屋上で食べることになりました。

友達にも勇気を出して、最近うまく自分の話や気持ちが伝えられないことを話してみると、

「えー！　そんなの、みんなそうだよ。テストも不安、先生や親に怒られるのも不安！　友達が離れていくのは、それよりも怖いもん！　でも、話さないと分からないことも多いし、喧嘩になったら謝ればいいんだし！」

友達は、愛さんが元気のない理由に納得したように、いつもより大きいリアクションで答えてくれました。


愛さんは、この日、久々に心から笑顔になれた気がします。

失敗してもいい、少しずつ人を信頼して、話してみよう。自分で全部話さなくてもいいし、困ったら相手の話を聞けばいいんだ、読み漁った本からもヒントをもらって、前に進む決意をしました。

人の反応が怖い、間違いや失敗を起こした結果、周囲の人に嫌われるのが怖い――これは私たち人間のもはや本能でもあるでしょう。ただ、それは多くの人が持っている感情です。言って後悔するか、言わずに後悔するか、どちらの自分が好きか、深呼吸をしながら考えてみてください。人生は一度きり。今の姿、性格で生まれてくるのもこの1度だけです。

背筋を伸ばして、視線を上げて、自分が誇れる自分で毎日過ごせたら素敵だと思いませんか？

「ナマステ・シャンティ感謝」を習慣にしたら、いいことが起こりやすくなった

運気アップは、身近なところにヒントがある！

ヨガのレッスンでもインド滞在中でも最もよく使う言葉は、「ナマステ」だと思います。みなさんは、1日に何回くらい心を込めて挨拶をしているでしょう？　また、どのくらい出会った人の下の名前を呼び、自分の名前も呼んでもらっているでしょうか？

実は、現実を変えるために最も効果的で、簡単な方法は言葉にしっかり思いを乗せることなのかもしれません。

就活真っただ中の現在、アルバイトにインターンシップに大忙しの生活をする中島麻衣さん（21歳）は、都内の大学に通っています。

元々アクティブで好奇心旺盛なタイプでしたが、覚悟はしていたものの、忙しい毎日で物忘れや失敗が続き、就職活動もお祈りメールが続いてしまう日々が続き、さすがに気持ちが滅入っていました。

正直、売り手市場と聞いていた上に、元々あまり物怖じしない性格だったので、就職活動はもっと楽に進むと思っていました。ただ、最初に業種や職種を絞りすぎたせいか、1次選考は通過するものの、そこで止まってしまっていました。

その後、志望業界を広げたり中小企業を見たりするようにもしましたが、本当に興味が持てない会社や仕事だと、選考でも態度に出てしまっているようで、まだあまり順調とは言えません。

同じように同級生も就活で忙しいこともあって、大学1、2年の頃に比べて友達に会う頻度や就活のスケジュール調整でアルバイトのシフトも減ってしまい、相談したい時にできる人もいない感覚に陥っていました。

あるベンチャー企業の面接を受けた時、丁寧な採用担当の方が、フィードバックをしてくれました。

「次の選考ではもう少し、元気な姿を見せてくださいね。説明会や履歴書を見ていて、あなたはもっと明るい人だと思ったから。」

その瞬間、今まで明るい、元気がキーワードだと思っていた自分が自分らしくなくなっていることに気づきました。同時に、どこにもぶつけられない焦りや苛立ちを抱えていることに自己嫌悪も感じてしまったのです。

毎月第1土曜日のオープン前に、アルバイト先のカフェで月に1回ヨガのレッスンをするというグループＬＩＮＥが店長から届いたのは、まさにそんな時でした。

みんな職場でヨガをどのようにするのかイメージが湧いていないものの、女子が

多いこともあり、次々に

「行きまーす」「無料？　やった！」「持ち物なしなんですね、楽しみです！」

と書き込まれていきました。久々にみんなに会えるかもしれないという期待と、仲間の勢いに押されたこともあり、麻衣さんもスタンプで参加表明をしました。

レッスン当日、いつものカフェの奥のスペースでは、机が一部動かされ、椅子がサークル状に並べられていました。さりげないジャズやボサノバの音楽も、この日だけハワイアンに変わっています。

レッスン後、すぐにシフトが入っているメンバーは仕事着に着替え、他の人は少し緩めの私服で来ているようでした。先生もみんなに合わせているのか、一目ではヨガのインストラクターとは分からない普通の洋服で私たちを待っていました。

店長からレッスン導入の目的と先生の紹介があった後、先生は1人ずつ名前と最近の心身の悩みを自然に確認していきました。

「立ち仕事なので、腰が痛くて…」

「忙しくなると頭がパンクして何をしていいか分からなくなっちゃうんです」

「休憩室でできるストレッチが知りたい！」

全員が思い思いに話をしていきます。

「麻衣さん」先生に3度ほど呼ばれて、自分の番が来たことに気づきました。

「なかじ、下の名前で呼ばれ慣れてないから、気づかなかったんじゃない？」

隣にいた同い年の同僚に言われて、はっとしました。

そして、麻衣さんは、就職活動でいろんな不安や迷いで自分らしさが出せなくなっていることを伝えながら、頭の中では、『先生は男女関係なく、みんなのことを下の名前で呼ぶのはなぜだろう。私が時々行くジムでは苗字にさん付けなのに。』とぼんやり考えていました。

レッスンでは立ち仕事の人が起こしやすい不調の改善を取り入れたり、キッチンでもこっそりできるストレッチを学んだり、全員の立ち姿勢、座り姿勢を確認し、疲れない立ち方や座り方を教えてもらいました。

普段参加している、流れるようなヨガレッスンとは違い、なぜこの動きが良いのか、人の体と脳はこのような働きをするんだということが分かっただけでなく、仕事中しか見ていなかったメンバーのいつもとは違う表情や雰囲気を見られたことが新鮮でした。

「ところで、みなさん仲が良さそうなのですが、お互いに何て呼び合っていますか？」

先生から、レッスン後の質疑応答の合間に質問がありました。

「店長、マネージャー…あとは、みんな苗字のあだ名が多いかなぁ」

それぞれが同じような答えをすると、

「では、気が向いた時だけでも、出勤した時だけでもいいので、みなさん時々下の名前で呼び合いませんか？　下の名前を呼ばれるということは、運気アップの1つなんです。騙されたと思ってぜひ！　それから、忙しくなると慌ててしまう、声が出なくなってしまう人ほど、いらっしゃいませ、ありがとうございます、などを丁寧にゆっくり伝えましょう。気持ちが自然と穏やかになりますよ。」

全員の名前を合わせると、50音揃うまでは行かないけれど、確かにたくさんの音が散らばっているし、それぞれの音が助け合って、場の流れを良いものにしていくというのは、理屈では分からないけれど、何となくその場にいたみんなが納得したようでした。

それから、店長やマネージャーが率先して名前を読んだり、挨拶をしたりすることで、すぐにこの文化はお店に浸透しました。

「麻衣、今日も頑張ろうね！」
「麻衣ちゃん、このパフェうまくできたねー！」

最初は気恥ずかしかったけれど、名前を呼んだり、呼ばれたりするということは、相手との距離が縮まり、必要とされている感覚や、自然と褒め言葉やポジティブな行動に繋がりやすい感じを受け、少し幸せな気持ちになりました。

アルバイト先で身に付いた習慣は、就職活動でも活かされます。

「〇〇さん、お久しぶりです、丁寧なメールありがとうございました！」

「□□部長、はじめまして、中島と申します！」

さすがに、採用担当者や人事部長を下の名前では呼べないけれど、相手の名前を呼び、心を込めて挨拶をすることで、自分らしさを自然に出せるようになり、場の雰囲気も心地良いものになっていくのを実感したのです。

麻衣さんはその後、大変迷ったものの、大手企業の内定を断り、最初に自分の良さを見抜いてくれた採用担当者のいるベンチャー企業に就職を決めたそうです。

私たちは大人になるにつれて、様々な仕事や役職、立場、肩書などが増えていきます。それは立派な経験値でもあるのですが、本来の自分というものを見失ってしまうことにも繋がります。ただ、小さい頃に呼ばれていた名前を呼ばれることで、自分らしさを呼び起こすきっかけになり、また、名前を呼び合うことでお互いに認め合い、関係性をより良く発展させることができるのです。さらに、心のこもった挨拶はそれを一層素晴らしいものにしてくれるでしょう。

『あなたと私が出会えたことに感謝します。私とあなたと、私たちの周りを取り巻く全てが平和でありますように。』

1日1日が当たり前のように、そして、幸運にも続いていく毎日の中で、みなさんが数多くの素敵な出会いを経て、二度とない人生に誇りを持って進んで行かれることを願っています。

［コラム］
ガンジス河について

インドの生と死を見守る聖なるガンガー

「死体が流れる中で、洗濯や沐浴をしているって本当ですか？」と、私もよく聞かれます。答えは、半分本当です。

最近では河のそばの火葬場で荼毘に付し、灰を流す場合がほとんどのように感じますが、多様な価値観を持つインドの人々でも、最終地点としての共通認識はこの場所と言えるでしょう。

インドを車で移動していると、死者を乗せたトラックを見る機会も多いです。トラックの上や荷台にオレンジ色の布でくるまれ、足だけ見える姿でガンジス河へ向かいます。ちなみに、赤い服を着ているインド人が少ない気がするのは、インドでは赤が死者の色になるからかもしれません

ガンジス河は敬愛を込めて、「マザー・オブ・ガンガー」とも呼ばれます。洗濯や飲料水として日々の身近で欠かせない生活用水であり、同時に身を清める場所でもあるのです。

日本人のガンジス河のイメージはバラナシの沐浴ですが、まさにヨガの修行場がたくさん集まるヒマラヤ山脈の麓、リシケシで見るガンジス河上流の水はとても澄んでいます。

この河を訪れる時、水を汲むための大小様々な容器を持参している人もいます。日常生活で使う目的があるのはもちろんですが、ガンジス河を訪れられない家族のためのお土産になるそうです。

全ての魂は肉体が離れる時、雄大なヒマラヤ山脈から流れてくる、この聖なる河に帰るのです。ちなみに、何らかの事情のためガンジス河で沐浴ができない場合、その水を１滴でも浴びるだけでも、カルマの解消や犯した間違いが消えるといった、河に入った時と同じ効果があるとも信じられています。

インドに呼ばれた日本人は、どこでガンジス河に入っても、決して病気にはならないとも言われていますが、真偽の程は誰にも分かっていません。

［コラム］

近くて遠い、遠くて近い国

違うところも同じところもたくさん

インドと日本、その関係は6世紀半ばから仏教の縁で始まっています。そこから、文化的交流、戦争、インフラ支援の中で、両国数多くの人々の行き来がありました。

日本からインドまでは飛行機で約10時間、直行便で行けると言っても決して近い国ではありません。また、身近な台湾やベトナムと言ったアジアの方たちとも外見、宗教も大きく異なります。

アーリア人の影響と言いますが、インドの方たちは男女共に手足が長く細いです。日本人のパール色の肌と頼もしい下半身は1つの憧れだという人もいます。インフラなどが整った国で働きたい、と願う若者も増えています。逆に、日本は豊かだが貧しい人や困った人の支援をしない、広く長い視野が持てていないというネガティブなポイントを指摘されることもあります。

反対にインドは、貧富の差は日本より大きいながら、貧しい人でも誰かに貢献したい気持ちが強い国です。また、過酷な環境が取り巻く中で育つ生きる力、学びのためのハングリー精神は計り知れないものがあります。そして、私たちは彼らの国に行くと、たくさんのことを学び、反省し、落ち込み、刺激をもらい、最後にはなぜか第2の家族のような親近感を覚えます。

インド人はしばしば言います。

「私たちは、言葉も肌の色も価値観も全然違う。でも、なぜか歴史の中で深い繋がりを持っていたせいか、似ている部分もたくさんある。さらに、お互いの文化や才能を尊敬している。同じ人間だから話せば分かるし、インドと日本のパワーを合わせれば、いろんなものを動かせると思う。」

もちろん、インドにも日本にも色々な人がいますが、13 億の人口と計り知れないエネルギーを持つ彼らと力を合わせれば、豊かな人生を送るきっかけをたくさん得られるはずです。

日本のマスコミではあまり良いニュースは報道されませんが、だからこそ人生で一度は本気で真実のインドを楽しんでみることをお薦めします。

おわりに

西暦595年、聖徳太子の時代にインドの象徴的な香木が淡路島に漂着しました。直接的ではありませんが、この時から仏教とともにインドの叡智が日本に次々と届き始めることになります。

その後、長い歴史の中で、両国は文化や生活、ビジネスにおける知恵の交換と協力を行っています。ヨガやアーユルヴェーダ、日本の自動車や電車などの技術は有名でしょう。

インドは汚くて事件が多い、インド人は嘘つき、だからインドは怖い場所——そのように早合点してしまうのは、大変もったいないことです。

インドの『地球の歩き方』の前書きを読んだことがあるでしょうか?
まさに言い得て妙というべき文章です。この本を手に取ってくださったみなさまへのメッセージの1つとして、引用させていただきます。

『インド。それは人間の森。
木に触れないで森を抜けることができないように、
人に出会わずにインドを旅することはできない。

インドは「神々と信仰の国」だという。
また、「喧騒と貧困の国」だともいう。
だが、そこが天国だとすれば、僕たちのいるここは地獄なのだろうか。
そこを地獄と呼ぶならば、ここが天国なのだろうか？
インドを旅するキミが見るのは、天国だろうか地獄だろうか？

さあ、いま旅立ちの時。
インドはキミに呼びかけている。
「さあ、いらっしゃい！

私は実はあなたなのだ。」』

インドは本当に、天国と地獄が共存する場所です。
電気もない部屋で生活し、裸足で歩く人々、お香と動物の匂いが混ざり合う市場や寺院、きらびやかなパーティやプージャ（お祭り）を行う家族――
全てが混ざり合い、混沌とした中で秩序が生まれています。
計画通りに進まないことは失敗なのか、裕福だから幸せなのか、1つ1つの光景が私たちに疑問をぶつけてきます。

そして、自分の思考や価値観がインドでの経験に反映されるのです。どんなことが起こっても楽しむ、流れに乗ってみせる、と決めている人にはどんどん素敵なことが訪れます。しかし、水しか出ないシャワーや進まない渋滞に毎回腹を立てていると、次々と無理難題がやってきて、楽しくない旅で終わってしまいます。

これがインドの力なのか、日本ではない場所にいる緊張感によるものなのかは分かりませんが、インドに呼ばれたという感覚は、訪れた多くの人が実感しています。そして、その後何かを決意し、一歩を踏み出した人には大きな変化が起きているのも事実です。

だからといって、すぐにインドに行ける人の方が、物理的には少ないと思います。そのため、まずは本書の中からできそうなこと、興味を持っていただけたことから取り組んでいただければ幸いです。それだけでも、きっとじわじわと現実が動き始める感覚を味わえるでしょう。

なお、本書の内容は全て、広い国土を持つインド北部の一部の地域での出会いを元にしています。そのため、実際にインドに行かれた方でも共感し得ない部分があるかもしれません。インドの多様性を考慮して、どうぞご有恕くださいますと幸いです。

また、書籍の出版を機に、ＬＩＮＥ公式アカウントを開設いたしました。
不定期にはなりますが、日常で活用できるヨガや、インドの小噺、人々の様子などを配信していきたいと思っております。引き続きお付き合いくださる方は、左ページのQRコードからご登録くださいますようお願いいたします。

この本を通じてご縁をいただいたみなさまに、ヒンドゥー教の無数の神々と、日本の八百万の神々からのギフトがたくさん届くことを願ってやみません。

シャンティ　シャンティ　シャンティ　ナマステ

2020年2月21日
マハー・シヴァラートリー（シヴァ神に祈りを捧げる最も聖なる日）に
祈りを込めて

インド式ヨガセッションMisty

ＬＩＮＥ公式アカウント

こちらのQRコードからアクセスしてください！

https://line.me/R/ti/p/%40610raytl

［著者プロフィール］

栃久保 奈々（とちくぼ・なな）

インド政府公認ヨガインストラクター。日本ヨガインストラクター協会認定／米国ヨガアライアンス200修了。インドNGO法人「Lotus Charitable Trust」Managing Director

人材サービス・マーケティング企業の人事として、1対1で面談した社員数約550名、精神科医の推薦を受け、メンタルヘルスや企業研修で指導した社員数は約3,000名にのぼる。日々、雑誌やWEBマガジンでのヨガやインドについての連載や、ラジオ番組へのゲスト出演をこなしながら、インド政府公認ヨガインストラクターとして活動。また、年に3、4回は渡印を続け、2019年インドで最も貧しい地域の1つと言われる、ブッダガヤにて小学校も建設、運営に携わる。

現在、主に日本で働く女性を中心に、ストレスやイライラ、クヨクヨ、体調不良、人間関係の問題を根本から解決するため、インドヨガの哲学や呼吸、瞑想、ポーズなどを、日常で簡単に取り組めるようカスタマイズし、企業へのメンタルヘルス対策を兼ねた出張レッスンをはじめ、各種メディアやセミナーでなどで伝えている。鏡も道具も不要、どのくらい1日でやらなければいけないというルールも決まっていない、生き方もヨガも無理をかけず、楽しいという感情を大事にすることが忙しい社会人を中心に共感を呼んでいる。

人事部時代に、リーマンショックでのリストラ、グッドウィル事件、派遣切り、上場廃止危機、東日本大震災、上場準備に向けた組織改革を経験する中で、従業員の体調や心理面の不調と常に対峙。

精神科受診以外の方法として、ストレッチを社内ではじめて取り入れた現場を経験。その他、社員からの相談を日々受ける中で、日常の人間関係、仕事内容、自己肯定感の低さから来る悩みの多さを実感する。

心と体の健康の相関性は、著者自身、20代の体験からも感じている。働きすぎとストレスによる胃潰瘍での吐血と脳腫瘍、そして同年代の友人たちの死を経験し、心身を本当に健康にするとはどういうことかを追求してきた。

ヨガスタジオおよびイベント、企業等でのヨガレッスンを経て、本来のヨガ哲学や身体の学びを求め、渡米・渡印。そこで、インド流のしあわせヨガと出会う。特にインド人と過ごす中で、インド人の思考や文化、それを踏まえて実践されるヨガが、何かと『クヨクヨ』してしまう性格の改善に効果的だと気づく。

実際に一緒に修行や旅をした、神経質で悩みやすい性格の仲間が社交的になっていったり、細かいことを気にしないようになっていったりする姿を日々目の当たりにしている。ヨガのポーズでも人の真似はしなくていい、自分の体と心にしっかり目を向けることが大事。周囲の人間がどんな服をまとっていても中身は同じ人間、すぐに恐れることはない。そして、ストイックになりすぎてはいけない、みんなで語らう夜を思い切り楽しむことは、とても重要なこと――これらのマインドを日本人にもできるだけ受け入れやすい形にカスタマイズし、レッスンやメディアはもちろん、自分がその生き方を率先して行うことをモットーに活動している。

Special Thanks to:

出版プロデュース
潮凪 洋介

イラストレーション
r 2（下川恵・片山明子）

インド式《しき》 壁《かべ》の乗《の》りこえ方《かた》

二〇二〇年（令和二年）七月二十日　初版第一刷発行

著　者　栃久保 奈々
発行者　伊藤 滋
発行所　株式会社自由国民社
東京都豊島区高田三―一〇―一一　〒一七一―〇〇三三
電話〇三―六二三三―〇七八一（代表）
造　本　ＪＫ
印刷所　株式会社光邦
製本所　新風製本株式会社